戊辰戦争後の青年武士とキリスト教

仙台藩士・目黒順蔵遺文

目黒順蔵　目黒士門 著
目黒安子 編

風濤社

まえがき

目黒士門

祖父目黒順蔵（一八四七〜一九一八）について菊田定郷『仙臺人名大辭書』（昭和八年）は次のように記している。

【目黒順藏】醫。幼名味三郎、禿堂と號す、宮城病院醫、志田郡古川病院長、東京府八王子病院長たり、業暇詩を嗜み、往々佳作あり、遺稿數巻家に藏す、大正七年九月二十八日東京に残す、享年七十二、仙臺南鍛冶町泰心院に葬る。

順蔵は幕末に養賢堂（仙台藩の藩校）に学び漢学を修めた。その順蔵が医師となったのは外でもない。戊辰戦争後、天下は薩長藩閥の支配するところとなり、仙台藩出身者は賊軍扱いされ就職の道は完全に閉ざされていたのである。仙台藩の青年武士たちは医師・弁護士・技術者・教師・学者等の専門職に就く以外に生計を立てる手段はなかった。そのような事情から順蔵は、戊辰戦争後いろいろと遍歴を重ねた後、明治九年に長谷川泰の西洋医学校「済生学舎」に入学し医師となったのであった。

順蔵が遺した詩は、すべて漢詩である。右の記述には「遺稿数巻家に藏す」とあるが、実は大正十二年の関東大震災で東京本所の順蔵旧宅にあった遺稿の多くは家ごと灰燼に帰してしまった。そのときたまたま東京以外の地に持ち出されていた若干の遺稿のみが被災を免れて拙宅に残っている。その残った遺稿には漢詩も含まれているが、多くは戊辰戦争から明治初期にかけての順蔵の体験・回想を書き記した手記である。

明治元年から数えてやがて百五十年を迎えようとしている今日、この手記を読み返してみると明治の動乱の時代をよく照射しており、往時を伝える資料的価値も高いと思われるので、ここに出版と決した次第である。もちろんこの手記を出版することは家の恥を外部に曝すような気がして躊躇を感じないわけでもない。しかし、戊辰戦争後、辛楚艱難に耐え奮起して自らの人生を切り拓いて行った順蔵の姿は、当時のたくさんの青年たちに共通するものであり、現代の若い世代にもぜひ知っておいてほしいと思う。これも本書の出版の理由である。

本書の第二部は順蔵の手記である。第三部の『処世之誤　一名　誡世痴談』は、『大言海』の著者として名高い大槻文彦博士の奨めにより順蔵が大正三年に公刊した著作の再録である。

戊辰戦争後の青年武士とキリスト教
仙台藩士・目黒順蔵遺文

◎目次

第二部　目黒順蔵遺文……目黒順蔵　89

戊辰戦争後の青年武士とキリスト教

仙台藩士・目黒順蔵遺文

第一部

目黒順蔵とその時代

目黒士門

一　幼少年時代

目黒順蔵は一八四七（弘化四）年一月二十四日、仙台藩士目黒陽吉（一八一六〜一八七一）の次男として仙台東七番丁四十七番地に生まれた。幼名は味三郎《みさぶろう》。のちに禿堂《とくどう》と号した。母は小田原金剛院丁の河東田《かとだ》熊太郎の長女さだである。この年、同じ仙台でやがて順蔵の無二の親友となる鈴木亦人《またんど》（理仙）が、また江戸には後に順蔵が友として交わり師として仰ぐことになる大槻文彦が生まれている。

時あたかも徳川家慶が江戸幕府第十二代の将軍職にあり、前年に仁孝天皇が崩御、統仁《おさひと》親王（孝明天皇）が践祚したばかりであった。仙台では伊達慶邦《よしくに》が一八四一（天保十二）年以来、藩主として藩政をつかさどっていた。この一月には一万五千人の天草百姓一揆が起こり、二月には信州が大地震（善光寺地震）に見舞われ、三月に南部藩三閉伊地方に一万二千人の一揆が起こり、国内は騒然とした。しかし仙台も江戸も比較的平穏な一年だったようである。

他方、わが国を取り巻く国際環境は揺れ動いていた。しばらく途絶えていた異国船の来航が三年前からふたたび活発になり、一八四四（弘化元）年三月、フランス船が琉球国に来航して通商を要求。七月にはオランダの軍艦が開国を勧める国王ウィレム二世の国書をもって長崎に入る。一八四六（弘化三）年五月にはアメリカ東インド艦隊長官ビッドルが浦賀に来航し通商を求め、六月にはフランス艦隊が長崎に来て薪水の供給を要求する。同じころデンマークの軍艦が相模沖に来航、さらに八月にはイギリスの軍艦が琉球に来航する。これに対して幕府は開国を拒否しつつも、みだりに事を構えたくないというのが本音であった。幕閣は異国との関係をどう調整してよいか判らないが、海防計画だけは進めておこうという展望のない対策しか立てられなかった。

医師正装の目黒順蔵、明治43年

異国船の渡来に仙台藩は敏感であった。欧米列強を相手に事を構えれば日本は一たまりもない。攘夷論一辺倒の薩摩・長州に対し、かつて林子平、高野長英在りの仙台藩は、大槻磐渓《おおつきばんけい》をはじめ開国佐幕が藩論の主流であった。

順蔵が生まれた当時まだ、祖父目黒丈之助資存《じょうのすけすけあり》（一八五九年歿）はまだ存命で、禄高は六〇石一斗、これは繰合方《くりあわせがた》吟味役や勘定奉行兼龍崎奉行を勤めた目黒資儀清内《すけのりきよただ》（一七四一〜一八一〇）の禄高一七〇石には及ばないが、一石は貨幣でおよそ一両にあたり、現在の金銭感覚に直すと三十五万円くらいに相当するというから、禄高六〇石は年収二千万円前後ということになる。当時の記録によると、資存の家族は六人であったから、ほかに家来・使用人がいたとしても生活は楽だったはずである。

順蔵の生家は、中身程度の侍屋敷が並ぶ東七番丁で、この通りの南端、荒町《あらまち》から連坊小路《れんぼうこうじ》に向かって西側の六軒目にあった。荒町・連坊小路間には西側に十二軒、東側に十一軒の家があり、いずれも面積三六〇坪ほどで、どの屋敷も樹木が亭々と茂り豊かな緑を湛えていた。

一八五三（嘉永六）年、満六歳になった順蔵は寺子屋で手習いと漢籍の素読を始める。同じ寺子屋には鈴木亦人がいた。医家に生まれた亦人については後に詳述するが、この寺子屋時代で順蔵は彼と生涯を通じての親交を結ぶことになる。

2　養賢堂時代

一八六二（文久二）年、十五歳になり元服を終えた順蔵は藩校養賢堂の漢学部に入学する。

養賢堂は一七三六（元文元）年に五代藩主伊達吉村が藩の学問所として設置した明倫館養賢堂に始まる。場所は仙台城下の細横丁北三番丁で、当初はもっぱら藩士の子弟に儒学を教えていた。一七六〇（宝暦十）年に医学部門を創設するとともに勾当台通《こうとうだいどお》り北一番丁（現在の宮城県庁一帯）に移り、一七七二（安永元）年に養賢堂と改称した。

一八〇九（文化六）年に学頭に就任した大槻平泉《おおつきへいせん》は学校の大規模な改革を行なった。封内の荒蕪地を開墾し、学校の財政基盤として一万二千石の学田を置き、学舎の拡張を計り、一八一七（文化十四）年には三千人を収容する大講堂を建設した。さらに聖廟（孔子廟）、印刷所、図書館、他藩からの留学生のための寮も建設した。平泉は施設だけでなく学制やカリキュラムの改革も行ない、蘭学などの講座増設や教員登用試験の新設、学生への文房具の無償支給も行なった。とくに医学部門を藩校から独立させ、大槻玄澤《げんたく》門下の蘭方医を教授に迎えて内科外科を擁する西洋医学校「医学館」を設置したことは画期的な改革であった。これは日本で最初の西洋医学校であり、現在の東北大学医学部の前身にあたる。

学頭平泉の改革は、その子習齋《しゅうさい》によってさらに推し進められ、兵学講座を拡充して造船、

上図　養賢堂の講堂。その後戦災で焼失した。清水委員調査「十七　舊養賢堂に關する文献」（宮城県史蹟名勝天然記念物調査会編『宮城県史蹟名勝天然記念物 1』国書刊行会、1982）より
左図　「仙台学府養賢堂全図」もりおか歴史文化館所蔵

鋳砲、操銃の講座が設置され、また科学技術の研究教育のために開物方（今日の工学部に相当）が新設された。蘭学局にロシア語講座を加えたのも特筆に値する。こうして幕末ころには養賢堂は藩の学術文化の中心であったばかりでなく、我が国屈指の総合大学となっていた。学都仙台の礎はこうして築かれたのである。

ついでながら養賢堂の建物は廃藩後も大講堂と孔子廟が残ったが、一九四五（昭和二十）年七月アメリカ軍の爆撃によって焼失した。養賢堂関係の建築で今日に残るものは、順蔵が眠る泰心院（南《みなみ》鍛《か》治町《じまち》）の山門のみである。

当時、養賢堂の授業は卯刻（午前六時）に始まっていた。まだ電気のない時代、昼間の明るさを十分に利用していたのである。順蔵は母が作ってくれる弁当を持って朝早く家を出

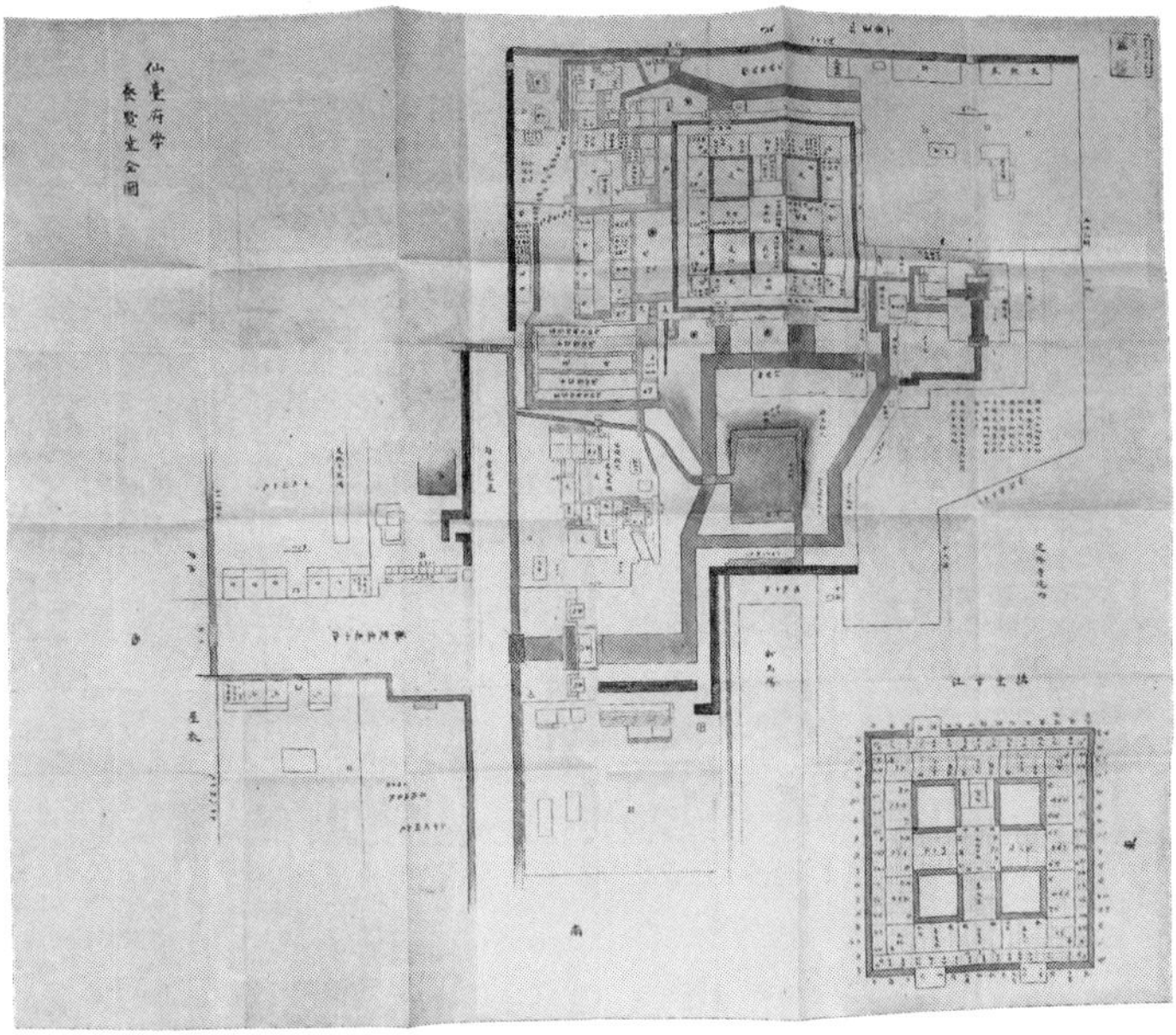

て勾当台の学校に通った。生徒は未刻（午後二時）の終業時刻まで、昼休みをのぞいて勉学に励む。順蔵は漢学を専攻し、教科の中心である経書の素読・講釈に力を注いだ。平泉の改革以来、小学講究・四書五経・七書講究に分かれた教員登用試験が実施されていたが、これは順蔵にとって絶好の勉学目標となった。

順蔵が漢学を選んだのは、当時、漢学がますます重要度を高めていたからであった。滔々として流入が始まっていた西洋の文物を摂取し、これを日本語に移し替えるためには漢字漢文との日本語の研究が必須だった。それと同時に洋書の翻訳には漢籍の知識が必要不可欠であった。順蔵が養賢堂で培った漢学の素養は、彼の遺文によく表れているが、それはまた後に順蔵が身を立ててゆく上で重要な役割を果たすことになる。

養賢堂時代の順蔵にとって最も重要な出来事は大槻文彦との出会いである。文彦は順蔵が養賢堂に入った文久二年十一月、藩命による父大槻磐渓《おおつきばんけい》の仙台帰還にともなって仙台に移住、養賢堂に入学する。十一月九日仙台に到着した磐渓一家六人は、養賢堂学頭大槻習齊の世話で養賢堂構内の家に仮住まいする。父磐渓はほどなく学頭添役《そえやく》（副学頭）に任命され、二百石の俸禄を受けることとなる。

順蔵は、こうして養賢堂に入学して半年ばかりたった時に文彦と知り合った。その親交は生涯続いていく。文彦も専攻したのは漢学であった。順蔵は文彦と机を並べ、さらに同じ一刀流の道場に属した。養賢堂では平泉・習齊の改革以来、武術が必修科目となっていた。剣術では順蔵のほうが文彦よりも上であった。しかし漢学では文彦は順蔵の比ではなかった。

学問の家に生まれ、幼いころから漢学に親しんできた文彦は十分に学力を積んでおり、小学講究・四書五経・七書講究の教員登用試験につぎつぎと合格し、十か月後の文久三年九月には十五歳の若さで養賢堂主立《しゅだち》に任命された。主立（補助教員）というのは教員の序列から言って下から三番目であるが、教員の一人であることに変わりない。かねて文彦を深く尊敬し、教えを乞うていた順蔵はわが身のことのように喜んだ。この日から順蔵は名実ともに文彦を師と仰ぎ、終生の友となる。順蔵が文彦とその父大槻盤渓から受けた思想的影響は生涯のものとなった。

3　幕末の平和

養賢堂入学から明治元年に至るまでの順蔵の青年期は、生涯の中でも幸せな希望にあふれた時期であった。当時のわが国では一八六〇（万延元）年三月の桜田門外の変以降、坂下門外の変、生麦事件、天誅組の変、蛤御門の変と殺伐とした事件が相次ぎ、また薩英戦争や英米仏蘭四国艦隊による下関砲撃のような戦争騒ぎまで起こっていた。しかし仙台ではテロ騒ぎも政治的騒乱もなく、そのような意味では人々は穏やかな日常生活を送っていた。順蔵も折に触れては躑躅岡《つつじがおか》や愛宕山に散策に出かけ季節の風光を楽しんだ。この時代、順蔵は二度ばかり泊りがけの遊覧旅行に出かけている。

最初の旅行は一八六四（元治元）年夏、父陽吉に同行した勿来《なこそ》遊覧の旅である。勿来関は蝦《え》夷《ぞ》の来襲を防ぐために五世紀ころに設置されたが、奥羽への関門が白河関に一本化されたため廃止となり、順蔵の時代にはすでに関跡と源義家の歌碑等が残されているだけであった。

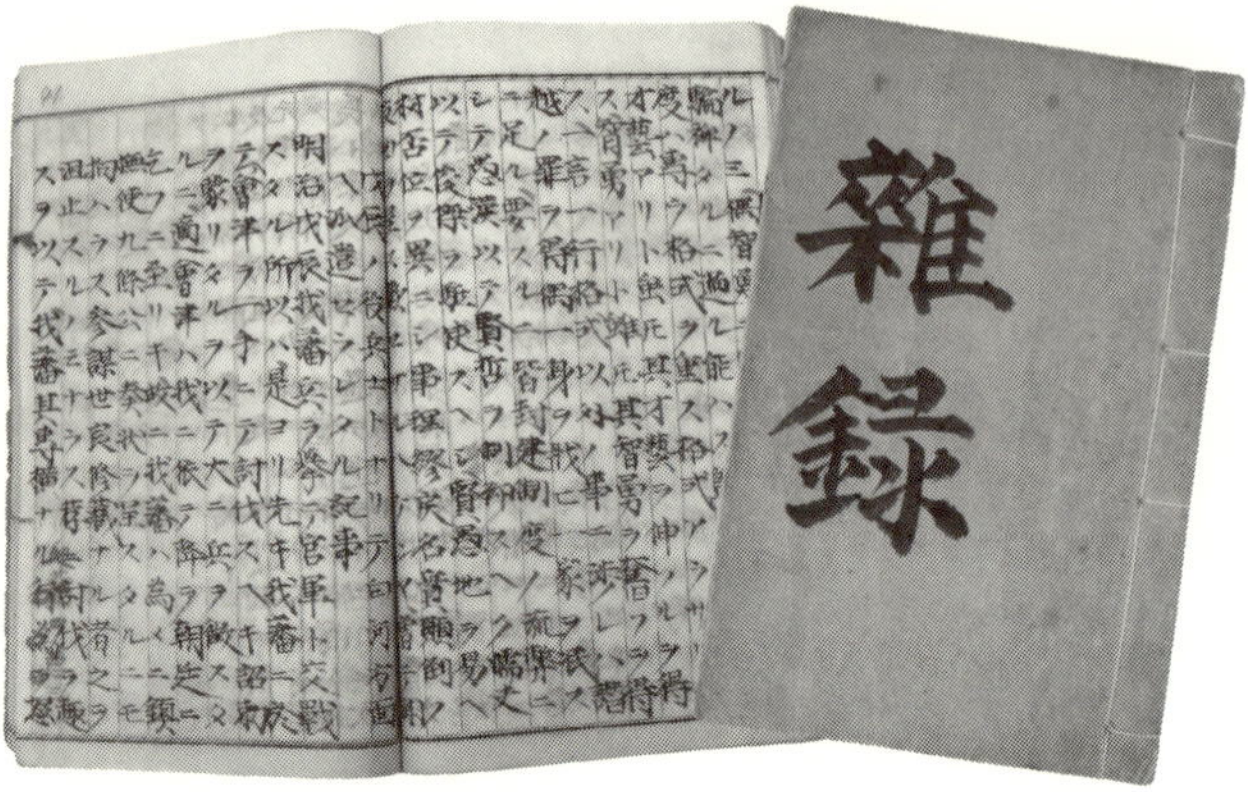

目黒順蔵は雑文や詩、覚え書きを製本して残していた。関東大震災ですべて失われたと思われたが、長男・三郎が大阪に一部保管しており罹災をまぬがれた。

勿来に近い平潟《ひらかた》は天然の良港で往時船舶の避難所として栄えた港であるが、海岸の町は今日よりはるかに賑わっていたようである。陽吉は若いころ平潟港に出入りする船舶を監視するための陣屋に勤務したことがあり、順蔵をここに連れてきたのには懐旧の念もあったようである。この時の旅行記が「勿来関を游覧すたる紀事」（九二頁）である。

勿来旅行の二年後、一八六六（慶応二）年四月十五日、順蔵は二人の友人と連れ立って塩浦（塩竈）および松島への遊覧旅行を試みた。初めての塩竈・松島見物であった。その旅行の見聞を記したのが「游塩浦記」（九六頁）と「游松島記」（一〇〇頁）である。美しい詩的な文体で塩竈・松島の情景を活写している。

塩竈の町について、「邑《むら》極て大なり。街衢《がいく》端正、道路洞通、肆廛《してん》壮麗、四民輻湊《ふくそう》、游人往来《おうらい》、紛錯《ふんさく》

「松島図」（部分）、作者、制作年不詳

不絶なり」。船の出入りが多く、当時の塩竈は、今日よりも賑やかで活気に満ちていたことがうかがえる。

塩竈見物の後、順蔵は両友と相談の結果、松島を訪れることになった。当時すでに塩竈から松島への遊覧客を運ぶことを生業としていた舟師がおり、順蔵一行は寺崎の埠頭で舟を雇い松島に向かった。二人の舟師が操る帆掛け船はかなりのスピードで「傾走飛ぶが如し」と述べている。舟師は点在する島々を一つ一つその名前と名の由来を説明してくれた。今日と同じ光景である。この日は松島の旅館に泊まったのであろう、「游松島記」は松島の夜景を美しく描いている。翌日、一行は冨山《とみやま》を訪れる。冨山は奥松島にある標高一二四メートルの山で冨山観音を祀る。往時、山道は深く険しく「喬木幽邃《きょうぼくゆうすい》、異禽嚶々《いきんおうおう》、両友共に山に登るも曲径崎嶇《きく》殆ど登る能はずなり」と書いている。ようやくたどり着いた頂上からの眺望は「是天下の絶勝なり」「殆ど去る能はず」と書いているほど美しかった。

4　戊辰戦争

幕末期の仙台藩の藩論の主流は大槻磐渓等が主張する穏やかな「尊王・開国・佐幕」、非戦平和、内乱の回避であった。それは薩長の「尊王攘夷」の政治思想と対立するものであった。江戸表はどうあれ、仙台藩は外国に対して緩かった。戊辰戦争が始まる一八六八（慶応四）年には、すでに条約勅許（一八六五）により開国は既定の路線となっており、また一八六七年十月には徳川慶喜が大政奉還を受け入れ、これを上表、十二月には王政復古の大号令が発せられ維新政府がすでに発足していた。

戦わずとも新しい国づくりができる態勢は整っていた。にもかかわらず薩長新政府が仙台藩に対して会津征討を強硬に命じ開戦は不可避となった。無用な戦争を強要した裏には薩長藩の東北侵略の意図が隠されていたものと言わざるを得ない。薩長新政府は、あくまで軍事力によって東北の雄藩会津を征討し、延《ひ》いては東北全体の覇権を握ろうとしたのである。きわめて陰険であった。仙台藩と会津藩を戦わせるという作戦は薩摩の黒田清隆と長州の品川弥次郎が立てたものと言われている。それがうまくゆけば薩長藩は犠牲者を出さずに会津を討伐でき、おまけに仙台藩も疲弊し弱体化することはまちがいない。東北諸藩を手に入れれば二百万石以上は堅いと彼らは踏んだのである。こうして「仙台藩一手で会津を討つべし」との朝命が仙台藩に下ったのは一八六八（慶応四）年一月のことであった。

会津征討の朝命は仙台藩にとって青天の霹靂《へきれき》であった。藩主伊達慶邦《よしくに》（一八二五〜一八七四）は温厚篤実で、義を重んずる人であった。朝命とはいえ友藩会津への攻撃は避けたい。そもそも京都警護に尽瘁《じんすい》し、孝明天皇の絶大な信頼を得ていた会津藩に非はない。仙台藩の家臣たちの多くも同様の考えで藩論の主流は非戦平和であった。他の奥羽諸藩も会津討伐には反対であった。仙台藩が会津討伐をためらっているうちに三月となり同月二十三日、公卿の九《く》條道孝《じょうみちたか》を総督とする奥羽鎮撫府の一行六五〇余名が仙台に入り、養賢堂を宿舎とした。養賢堂はたちまち攘夷の牙城と化した。ただちに仙台藩の重臣が呼び出され、但木土佐《ただきとさ》と坂英力《さかえいりき》が出頭した。鎮撫使は、会津征討の朝命が出てから二か月以上にもなるというのに全く動こうとしない仙台藩に業を煮やし、速やかな討会を促した。鎮撫使の厳しい督責に、藩主伊達慶邦はついに出兵を決した。

こうして三月二十七日に伊達筑前《ちくぜん》（登米）が先鋒として出陣、四月一日には伊達藤五郎《とうごろう》（亘理）が出陣したのに続いて、四月十一日にはいよいよ仙台藩が出陣した。総勢八千人を越える大行列は壮観をきわめた。『ふるさと小斎《こさい》の歴史』（窪田文夫）は出陣の様子を「伊達政宗の白石城攻め以来二百五十三年ぶりのこの出陣の大行列を見ようと大町頭から芭蕉の辻、南町、柳町、北目町と本街道筋の両側にはびっしりと人垣が出来た。さすがは伊達六二万石の行列である。見物の人々は感嘆の声をあげながら行列を見送った」と書いている。

二十一歳の順蔵は大番頭《おおばんがしら》大松澤掃部之輔《おおまつざわかもんのすけ》の麾下に属し、與頭《くみがしら》小栗大三郎《おぐりだいさぶろう》に率いられて出陣する。順蔵の兄行蔵《こうぞう》（資尚《すけひさ》）も、江馬耕蔵《こうぞう》（時之進《ときのしん》）も大番頭冨田小五郎《とみたこごろう》の部隊に所属して出陣した。中目寛太夫安富《なかのめかんだいふやすとみ》もムニエー銃隊二百人を率いて出陣している。まさに仙台藩挙げての出陣だったのである。

この出兵と同時に仙台藩は和平工作を急ぎ、米沢藩主上杉斉憲《うえすぎなりのり》とともに会津藩に恭順を勧めた。当初、会津藩はこれを拒否したが、結局はこれに従った。こうして会津藩主松平容保《まつだいらかたもり》の願い出により仙台・米沢両藩主が奥羽鎮撫総督に会津藩寛典処分の嘆願書を提出したのは閏四月十二日のことである。

九條総督は嘆願を受け入れ会津藩を宥《ゆる》そうとしたが、下参謀の世良修蔵《せらしゅうぞう》はこれを頑強に拒否した。九條道孝は総督とは名ばかりで、実権は世良が握っていた。世良は「凶暴な男」（品川弥二郎）として名が通っていたが、傲岸不遜で威張りちらし、夜になると遊蕩の限りを尽くしていた。そればかりか東北人を見下し、あからさまな侮蔑の態度を示していた。それを範としてか、部下たちも市中で乱暴狼藉を働く者が多かったので、腹に据えかねた仙台藩士たちは折あらばと世良を狙うものが一人や二人ではなかった。世良によって和平が拒否された時と前後して、「奥羽皆敵と見て大挙討伐するしかない」と書かれた世良の密書が見つかった。世良の腹積もりが明らかになった今、仙台藩士たちの隠忍自重は無意味である。

閏四月二十日、世良は福島北町の旅館金沢屋で仙台・福島両藩の刺客に襲われ殺害された。仙台藩士たちは主戦論の中心人物である世良を殺せば会津征討も開戦せずに平和が回復されるだろうと考えたようであるが、これは大きな誤算であった。世良は奥羽鎮撫総督府の下参謀であったが下参謀とはいえ新政府の高官であることに変わりない。これを殺害したのであるから新政府に反抗したのも同然である。開戦は決定的となる。

会津藩に同情的な奥羽諸藩は当初、白石同盟（二十七藩）を結び、会津藩寛典処分による平和的解決を求めていたが、世良殺害を契機に白石同盟はそれまでの和平的性格が薄れ攻守軍事同盟に傾いていった。五月三日には奥羽列藩同盟（二十五藩）が成立。五月六日には北越六藩が参加して奥羽越列藩同盟（三十一藩）となった。しかし同盟に参加した東北諸藩は必ずしも一枚岩の団結ではなかった。戦争開始とともにすでに同盟に亀裂が生じたばかりか、戦争末期には官軍に寝返る藩もすくなくなく、やがて惨めな敗北を迎えることになったのである。

順蔵は戊辰戦争の戦場体験を「戊辰の役兵士となりて白河方面へ派遣せられたる紀事」（一〇七頁）と題して書き遺している。これは慶応四年五月二十六日の白河攻撃と同年七月一日の七曲における官軍との会戦、および同月八日の白河夜襲の失敗を記したもので、順蔵の戦場体験のごく一部に過ぎないが、臨場感にあふれ戦場の模様をよく伝えている。六月二十六日の戦いでは官軍の新式銃の激しい射撃を浴びて、順蔵の小隊は四〇名中二三名が戦死するというありさまであった。七月一日の七曲の戦いでは勝利したものの同月八日、会津藩の大部隊とともに試みた白河夜襲では折からの梅雨もあって苦戦を強いられ敗走する。

七月末には長岡城、二本松城が陥落した。八月二十三日には官軍が会津城下に攻め込んだ。列藩同盟はすでに破綻していた。こうなれば敗戦はもう時間の問題である。九月十五日、仙台藩は降伏した。このときすでに岩沼まで退却していた順蔵の部隊にも軍隊解散の命令が届いた。

順蔵が仙台東七番丁の実家に戻ったのは明治元（慶応四）年九月十八日である。時代は慶応から明治に移っていた（九月八日に明治元年と改元）。順蔵が戻ったとき玄関先に迎え出た兄行蔵は驚きに喜びをまじえて「汝未だ死せざるや」と叫んだという。兄行蔵もまた大番頭冨田小五郎の麾下に属し磐城方面に出陣したが、戦争末期には駒ヶ嶺城の守備の任についていたが瀕死の重傷を負いながらも九死に一生を得て仙台東七番丁の実家に帰還した。

戊辰戦争は明治二年五月十八日の榎本武揚の降伏をもって終結するが、仙台藩にとっては明治元年九月十五日の降伏をもって事実上の戦闘は終わった。だが仙台藩東北列藩にとって戦いの結末は「朝敵」であり「奸党」の汚名を受けるものであった。

5　悲惨な藩士の生活

仙台藩降伏後、時を置かず四条隆謌《しじょうたかうた》が仙台城に奥州鎮撫府を開き、仙台藩は奥羽越列藩と共に「朝敵」の汚名を受けることとなる。仙台藩主伊達慶邦は王命に抗したとの理由で六二万石の領地を没収された。その後改めて二八万石給付されたが、藩として藩士たちに従来通りの支給ができなくなった。百石以下の藩士の秩禄は八石に削減された。さらに「勤皇派」の追及は厳しく、切腹、断罪、下獄それを逃れて転向、移住、帰農あり、それぞれに生きる道を模索しなければならなかった。ことに養賢堂を中心にした青年武士たちへの「奸党狩り」は厳しかったばかりでなく、官途への道は閉ざされ、学者・医者・技術者にわずかに開かれるのみであった。父陽吉はそれまで六〇石だった禄高がわずか八石になったのだから、八人の家族を抱えて生活に行き詰まっていた。

明治元年暮れ、順蔵は手戸《てど》家（仙台東三番丁）の養子となった。戦後しばらくのあいだ順蔵は官軍御取扱役として藩に勤務していたが、翌明治二年一月には免職となり、養父も職を退いていた。養父は仙台北郊の荒巻に荒蕪地を買い、その開墾を順蔵に命じた。順蔵は日々荒巻に通ってひたすら開墾に励み、夕方には伐採した薪束にして帰る日々が半年に及んだ。しかし養父は順蔵の働きに満足せず、しばしば罵声を浴びせかける有様であった。これに堪えかねた順蔵は、自立の道を切り開こうと心に決めていた。「斯《かく》の如き艱難を忍び斯《かく》の如き辛《しん》楚《そ》に耐ゆるに於ては天下何ぞ一身を容るゝの地なからんや。今時に於て勉強一番以て樹立の計を立《たつ》るの勝るに如《し》かず」と心に決め、その日の到来を待った。その年の秋順蔵は手戸家を出た。「義子を罷めたる紀事」（一一七頁）である。

手戸家を出た順蔵は東七番丁の実家に戻ったが、父陽吉は順蔵の扶養を拒んだ。拒んだというよりは父には順蔵を扶養するだけの資力がなかったのである。それでも手戸家に追い返されずに済んだことは仕合わせであった。この日から順蔵は土樋の木田八十吉宅に仮住まいしながら米穀商の手伝いをして生活を建てている。かろうじて当座の生活手段を確保したものの、父から扶養を断られたことへの思いを「附言」に述べている。しかし当時の経済的な窮乏状態にあっては、それもやむを得ないことと得心し「畢竟《ひっきょう》時勢の然らしむる災阨《さいやく》なれば、苟《いやしく》も男児に生れたる以上は尤怨《ゆうえん》する所なく、自ら奮起して自ら生活の道を講ずるこそ当時に適合すたる処業と云ふべけれ」と述べている。

明治三年一家に嬉しい出来事があった。幕末に養賢堂医学館を出た兄行蔵が小坂（現在の福島県伊達郡）に医院を開業した。戊辰戦争で九死に一生を得た行蔵が医師として踏み出したのである。その矢先、安心したのか越えて明治四年一月二十一日、父陽吉が他界したのである。行年満五十四歳であった。兄行蔵が家督を相続する。

6　東京へ

一八七一（明治四）年、順蔵は前年八月に上京した幼なじみの鈴木亦人から一通の手紙を受け取った。七月に東京の外国人居留地築地鉄砲洲の稲荷橋のたもとに瑪琳《マリン》というフランス人教師がフランス語の塾を開いたこと。その塾は、食住費と学費無償で塾生を受け入れている。順蔵も上京してこの塾へ入ることを奨める旨が記されていた。順蔵にとって、今の不本意な生活から抜け出すためには逃すべからざる機会であった。それに蘭学がすでに廃れ始めていた当時、仏学は新しい希望の光とさえ思われた。亦人にすぐに返書を送り、できるかぎり早い機会に上京するので、入塾の希望をフランス人教師に伝えてくれるよう依頼した。このフランス人教師が、後に順蔵をカトリックに導くことになるパリ外国宣教会のジャン＝マリ・マラン神父（一八四二〜一九二一）である。

ここで鈴木亦人（考元、通称理仙）について述べておきたい。冒頭に記したように、亦人は順蔵と同じ仙台生まれ、同じ寺子屋に通った竹馬の友である。鈴木家は代々医師であり、亦人の祖父鈴木理穏《りおん》は外科担当の仙台藩医員で、その子理水《りすい》も医師であったが早世したため亦人が理穏を継いだ。亦人は養賢堂医学館に学び、戊辰の役では奥羽鎮撫総督医員となったが、まもなく仙台藩軍「雄義隊」に属し、榎本武揚に同行した高松凌雲《りょううん》とともに箱館に渡った。

凌雲は、将軍家お抱えの医師であり、戊辰戦争前、松平民部大輔に従ってフランスに行き、パリのオテル・デュ（カトリック教会の司教座聖堂に付属する病院。現在のパリの市立病院）で医師として研鑽を積んだ。彼は箱館戦争では敵味方の区別なく負傷兵の手当てに携わったことで日本赤十字の父祖とされている人である。当時、箱館にはパリ外国宣教会のアルムブリュステール神父（一八四二〜一八九六）とエヴラール神父（一八四四〜一九一九）がおり、亦人がこのとき両神父と知り合ったであろうことは想像に難くない。

亦人は函館戦争のあと仙台に戻るが、明治三年八月十五日に洋学研鑽の為と届け出を出して上京し、第六天裏門通代地にあった高松凌雲所（診療所兼医師養成所）に入り、ヘボンに学んだ。明治四年夏に横浜在住していたフランス人宣教師は、アルムブリュステール神父、ミドン神父、マラン神父の三人であるから、亦人はアルムブリュステール神父を通じてマラン神父と知り合ったのであろう。亦人が築地のフランス語塾開設の報せを順蔵に送ったのはちょうどこの頃である。

一八七一（明治四）年十月の末、順蔵は二十四歳にして東京へ旅立った。亦人の手紙を受け取ってからまだ二月しか経っていない。七月の廃藩置県で東京留学に藩の許可も不要になった。大小も売り払い旅費の工面もついた。八月の脱刀令解除で佩刀《はいとう》は自由になっていた。東京へはもちろん徒歩である。途中、道を迂回して福島県伊達郡北半田に兄行蔵を訪ねた。行蔵は幕末に医学館（仙台藩の西洋医学校）に学び、戊辰戦争後この地で開業していたのであった。この時行蔵は、いずれ自分も上京して勤学したいと語ったが、三年後に病に倒れ他界した。

仙台を出てから十二日目に順蔵は千住の橋を渡り東京に入った。そしてまっすぐに築地の外国人居留地稲荷橋のたもとにあるマラン神父の塾に向かった。順蔵を迎え出たのはマラン神父とミドン神父（一八四〇～一八九三）であった。両神父は七月に横浜から東京に移り、ここ稲荷橋たもとに一軒の商家を借りて塾としたのであったが、それは同時にキリスト教禁制下でのカトリックの小教会堂であり、パリ外国宣教会はここを拠点に東京での宣教活動を始めていたのであった。これがいわゆるマラン塾である。両神父は、鈴木亦人から順蔵をはじめ東北列藩の若い敗残兵たちの実情を聞いており、温かく迎えてくれた。この日からマラン塾での順蔵の生活が始まる。

7　カトリック教会の日本宣教——パリ外国宣教会

十九世紀中葉は欧米のキリスト教会が極東において活発な宣教活動を開始した時代である。プロテスタントの日本宣教の担い手となったのは、アメリカおよびカナダの伝道団体であったが、カトリック教会では、ローマ教皇グレゴリオ十六世（一八三〇年登位）がフランスのパリに本拠を置くパリ外国宣教会（Societe des Mis-sions Etrangeres de Paris　通称パリ・ミッション）に日本への再宣教の使命を託した。ローマ教皇が、これまで海外宣教に従事していた修道会（イエズス会やフランシスコ会など）を避けてフランスのパリ外国宣教会に宣教を託したのは、この宣教会が在俗司祭（修道会に所属しない教区司祭）の集団であり、国家権力と無縁だったからである。事実、それまで海外宣教を担ってきた修道会は国王や時の政府の庇護を受け、そのためにヨーロッパ列強の海外侵略に利用されるという苦い経験があった。一八四八（嘉永元）年にパリ外国宣教会が日本再宣教をイエズス会に委ねる案を出したときも教皇はこれを認めず、以後、長きにわたって日本宣教の中心的な担い手となったのはフランスのパリ外国宣教会であった。

パリ外国宣教会による日本宣教は当初から困難をきわめた。当時の日本は鎖国中であり、キリスト教は禁制下にあった。宣教会が日本に派遣した最初の宣教師フォルカード神父（一八一六〜一八八五）は一八四四（天保十五）年に琉球王国那覇に上陸したが、その後、一八四六（弘化三）年七月に船上から長崎の陸地を見ただけで、ついに日本上陸はならなかった。その後、つづいて日本に派遣された宣教師たちも那覇に留まり、日本が激しく揺れて急速に変遷する中で、ゆっくりと日本語と日本事情を学んでいた。

初めてフランス人神父が日本に上陸できたのは一八五八（安政五）年八月にフランス国使節グロー男爵が江戸品川に来航したとき、通弁として同行したメルメ＝カション神父（一八二八〜一八七一）であった。結局、フランス人神父の入国が可能になったのは同年十月九日（新暦）に「日本國佛蘭西國《ふらんすこく》修好通商条約」が調印され、その翌一八五九年年八月十五日（新暦）に箱館・神奈川・長崎がフランス人のために開港されてからである。

条約文には、次のようにある。

日本ニ在ル佛蘭西人自国ノ宗旨ヲ勝手ニ信仰致シ其居留ノ場所ヘ宮社《みややしろ》ヲ建ルモ妨《さまたげ》ナシ
日本ニ於テ踏絵ノ仕来《しきたり》ハ既ニ廃セリ（第四条）

これによって在日フランス人の信仰の自由とフランス人神父の司牧活動の自由が認められ、同時に外国人居留地内に教会を建立することも可能になったのである。しかし日本人に対する布教が許されたわけではなかった。それ以来、多くのフランス人が来日するが、神父として最初に日本に上陸したのは、パリ外国宣教会が日本に派遣した五人目の宣教師プリュダンス・バルテミー・ジラール神父（一八二一～一八六七）である。同神父はすでに一八五五年二月から那覇に滞在していた。一八五九年九月に幕府の承認を得て通弁官としてフランス国総領事ベルクール男爵に従って芝高輪に上陸した。早くも十月には横浜に入り、翌一八六〇年七月、フランスは横浜居留地に八区画を取得、ジラール神父は九百坪の土地を確保し（現山下町八〇番地）江戸との間を馬で往復しながら教会建設に奔走し、一八六二（文久二）年一月、開国後最初の横浜天主堂が竣工した。

ジラール神父につづいて一八六〇年にはピエール・ムニクー師（一八二四～一八七一）が、一八六二年にはルイ＝テオドール・フュレ師（一八一六～一九〇〇）とベルナール＝タデ・プティジャン師（一八二九～一八八四）が、一八六三年にはジョゼフ＝マリ・ロケーニュ師が、それぞれ那覇から横浜に上陸した。その後もフランス人宣教師の来日は間断なくつづき、その数は現在までに三五〇人を越える。

ローマ教皇は宣教師を日本に派遣するに当たって三つの指針を示していた。すなわち、

（一）政治問題に介入しない（二）現地の習慣に適応する（三）重要な問題の決定は教皇に委ねる、の三点であった。現地の習慣に適応するためには何よりも現地に住んで現地の言語に習熟する必要がある。宣教師たちは日本語の研究と辞書の編纂でも多大の功績を残した。ラゲ神父の『佛和會話大辭典』（一九〇五、天主公教会）、セルラン神父の『和佛大辭典』（三省堂）、マルタン神父の『マルタン和佛大辭典』（白水社）などはその好例である。なお来日したフランス人神父の多くは故国フランスに戻ることなく日本の土になったことも記憶に留めておきたい。

8　マラン塾と東京ラテン学校

マラン塾の名称に冠せられているマラン神父は一八六六（慶応二）年に来日した。当初は、もっぱら在日フランス人の司牧に当たり、同年十月（旧暦）に横浜製鉄所内に開堂された聖ルイ聖堂付き司祭となり、翌年一八六七年にはジラール神父の後を継いで横浜聖心聖堂の主任司祭となった。同年十一月からは横浜駐屯のイギリス・フランス軍のチャプレン（聖職者）を兼ねた。

当時、横浜にいたパリ外国宣教会の神父たちは、できるだけ早い機会に首都東京に進出したいと願っていた。一八七一（明治四）年七月にマラン神父がようやく、築地の東京外国人居留地内の鉄砲洲稲荷橋辺に一軒の商家を借りて塾を開設し、それが実現できたのであった。東京進出がこれほど遅れたのは東京開市が遅れたためである。日仏修好通商条約によれば、江戸は一八六二（文久二）年一月一日（新暦一月三十日）に開市の予定であったが、激しい攘夷運動と外国人殺傷事件の頻発のために開市は遅れていた。さらに外国人居留地に予定されていた地域（現在の明石町一帯）の整備も間に合わず、開市が実現したのは明治元年十一月十九日（一八六九年一月一日）であり、更に実際に外国人が居住できる状態になったのは明治三年五月以降であった。

マラン神父が稲荷橋のたもとに開設した「塾」が当時どのように呼ばれていたかは定かでないが、後の研究者にならって本書でも「マラン塾」（英語読みではマリン塾）と呼ぶことにする。マラン塾は設置者の意図では将来の教会堂を見据えた「チャペル」（非正規の小教会）でもあり、東京におけるカトリック宣教の足場であった。当時、人々は「稲荷橋教会」とも呼んでいたという。事実、これは現在のカトリック築地教会の原初の姿である。

マラン塾とともに東京におけるカトリックの初期宣教活動において重要な役割を果たしたのは「東京ラテン学校」である。これは一八七二（明治五）年三月（新暦四月）にパリ外国宣教会が一番町（現在の三番町）の白河藩邸跡に設立した学校であり、ラテン語組と漢学組が置かれた。ラテン語組の生徒は長崎出身のものが多く、将来聖職者（司祭）になることを目指す神学生であり、ラテン語は必修科目であった。これはラテン語がカトリック教会の典礼用語であったことを考えれば当然のことであった。他方、漢学組は聖職者志望ではない一般学生のクラスであった。漢学組という名称は、ジラール神父が日本でのカトリック再宣教開始にあたってキリシタン時代の用語を用いず、漢語を用いることを方針としたことと関係があるようである。

順蔵はじめ東北諸藩から上京した青年たちの多くは漢学組に属した。外部からの通学生も漢学組であった。漢学組の学生は、将来の受洗を目標に漢語で教理の勉強に励んでいた。東京ラテン学校の教授は校長のアルムブリュステール神父、エヴラール神父およびヴィグルー神父（一八四二～一九〇九）の三人であった。この学校の付属聖堂は「番町教会」と呼ばれ、現在のカトリック神田教会の前身であり、築地教会とともに東京でもっとも古いカトリック教会である。

マラン塾と東京ラテン学校は相互に連携しながら運営されていた。東京ラテン学校の創設とほぼ同時にマラン塾は一時閉鎖となり、学生たちはラテン学校に移転している。これはマラン神父が三月二十二日（新暦四月二十九日）から五月二十六日（新暦七月一日）まで東北縦断の視察旅行に出かけ不在となったためであろう。マラン神父は東北旅行から戻った後、六月十八日（新暦七月二十三日）に東京ラテン学校校長に任命され、また築地の塾も再開されている。

明治四年十一月、築地のマラン塾での順蔵の生活が始まった。当時この教舎に何人の青年たちが寄宿していたかを知る資料はまだ見つかっていない。当初はマラン神父とミドン神父が生徒たちに教理を教えていた。順蔵が後年、家族に語ったところでは授業は厳しかったという。教科書として『聖教初学要理』（プティジャン編）という仮名本のほか『万物真源』『真道自証』『聖教明徴』『七克真訓』『天主地実義』などが生徒に与えられたという（「老信者の思い出」、『聲』誌、大正七年四月号）。漢学の素養を身に着けていた順蔵たちにとってこれらの読解は容易であった。マラン塾も東京ラテン学校も寄宿学校であり、生活の中心は毎日の授業・学習である。

それではどのような学科目が置かれていたのであろうか。順蔵のメモから「天文地理」「究理（物理）」「万国史」などが教授・学習されていたことは確かであるがカリキュラム全体が見える資料は残っていない。ところが明治十一年に仙台に「主心学舎」という学校が設立される。これは東京ラテン学校で学んだ江馬耕蔵（時之進）、窪田啓輔《くぼたけいすけ》が設置申請者となりパリ外国宣教会のプロトラン神父（一八四九〜一九〇八）を教師として設置された学校である。この学舎については時系列に添って後述する。

マラン塾・東京ラテン学校の生活は神父の指導・監督の下に営まれ、授業と同様に厳格であった。しかし学生の大部分は武士の子弟であり、とくに仙台・盛岡などの奥羽越列藩出身の青年たちはそれぞれの藩校ですでに高等教育を終えた俊英が多かったから、規律と礼節を重んじることにかけては人後に落ちなかった。神父たちは学生に十全の信頼を置き、年長者を選んで後輩の世話・監督に当たらせた。

生徒数は種々の史料を総合すると、一八七一（明治四）年十一月頃にはまだ数名ほどであったが、増加の一途をたどり、一八七二年二月（明治五年一月）、プティジャン司教は「すでに二百名以上の学生がいます」と手紙にしたためている（青山玄）。前年七月の廃藩置県によって藩費留学生への給費が打ち切られたため生活に困窮した青年たちもマラン塾に身を寄せはじめた。その後も生徒数は増加している。年齢的に見ると、二十七歳の順蔵から十二歳の江馬耕太郎、能勢房之助《のせふさのすけ》、十三歳の徳田道三郎《とくだみちさぶろう》、沼邊悦三郎《ぬまべえつさぶろう》、十七歳の原敬《はらたかし》などがいた。彼らの多くが、佐幕派の武士の子弟であった。敗残の青年武士たちがキリスト教を受け入れていったのは、ただ、生活の為だけであったとは言い切れない。カトリックの寄宿舎生活は修道院の厳しさを持っていただろうし、教理の勉強も厳しいものであったに違いないからである。

パリ外国宣教会の宣教はザビエル以来のイエズス会など修道会のそれとは異なっていた。往年のカトリック宣教師たちは王権・財力・学問・知識などを宣教の手段としたけれども、パリ外国宣教会が最も重視したのは「フラテルニテ（兄弟愛）」であり、助け合いの精神であった。フランス的なキリスト教的愛を前面に打ち出していたのであった。フランス人神父たちは革命を乗り越えてなお、燃え続ける信仰の持ち主たちであった。マラン塾・東京ラテン学校は、家庭的とも言える温かさで、敗残の青年武士たちを受け入れていった。それが明治維新と呼ぶ急激な「破壊」と「変革」の中で、「主」を失った青年達の心を捉えたと言える。公のため、主君のため、「義」のために生きる当時の日本人にとって、友のために命を捨てる「愛」を説く宣教師たちの言葉に新しい世界を見出していったのは至極自然な流れといえる。武士道と十字架上のキリストとの出逢いである。敗残の佐幕派青年たちは無意識のうちに神父の言葉の中に新しい主君を見出し、それを精神の拠り所とし、誇りとして、社会的使命感を燃え立たせた。

マラン塾・東京ラテン学校の様子を伝える主な資料には次の二つのものがある。一つは、この学校で学び後にカトリック教会の伝道士としてフランス人神父たちを助けた信徒の回顧談であり、次いでもう一つは「太政官諜者報告書」（明治政府、早稲田大学図書館所蔵）である。伝道士の回顧談は、前記「老信者の思い出」のように、マラン塾の時代から四十年以上も経っており記憶違いが含まれているばかりでなく、話し手の衒いや感情も入ってくるので、一応距離を置いて読む必要がある。その点「太政官諜者報告書」は当時の現地報告であり、史料的価値は回顧談にはるかに勝る。

9　太政官諜者報告

江戸幕府のキリスト教禁教令を継承した明治政府は、外国人宣教師や日本人信徒の動静を探るために各地（長崎、大阪、箱館、東京、横浜など）のキリスト教の教会などの諸施設に密かに諜者を潜入させていた。これが太政官諜者である。彼らは求道者を装って教会などに入り込み、集めた情報を文書をもって定期的に政府に報告していた。この報告書は『耶蘇教諜者各地探索報告書』（早稲田大学大隈文書目録 イ14-A4154）として早稲田大学図書館に保存されている。報告書には「大正十一年四月大隈侯爵邸寄贈」と押印されており、大隈侯の歿後に遺族が大学に寄贈したことを示している。報告書が大隈家に残されていたのは、岩倉具視らの政府首脳が欧米出張中（明治四年十月～六年九月）に、参議の大隈がこれらの文書を自宅に持ち帰り、キリスト教禁制の高札が撤去された（明治六年二月）後も、そのまま大隈家に残ってしまったためと考えられている。

諜者たちの大部分は真宗の僧侶出身であったが、彼らは太政官に属し政府から俸給が支給

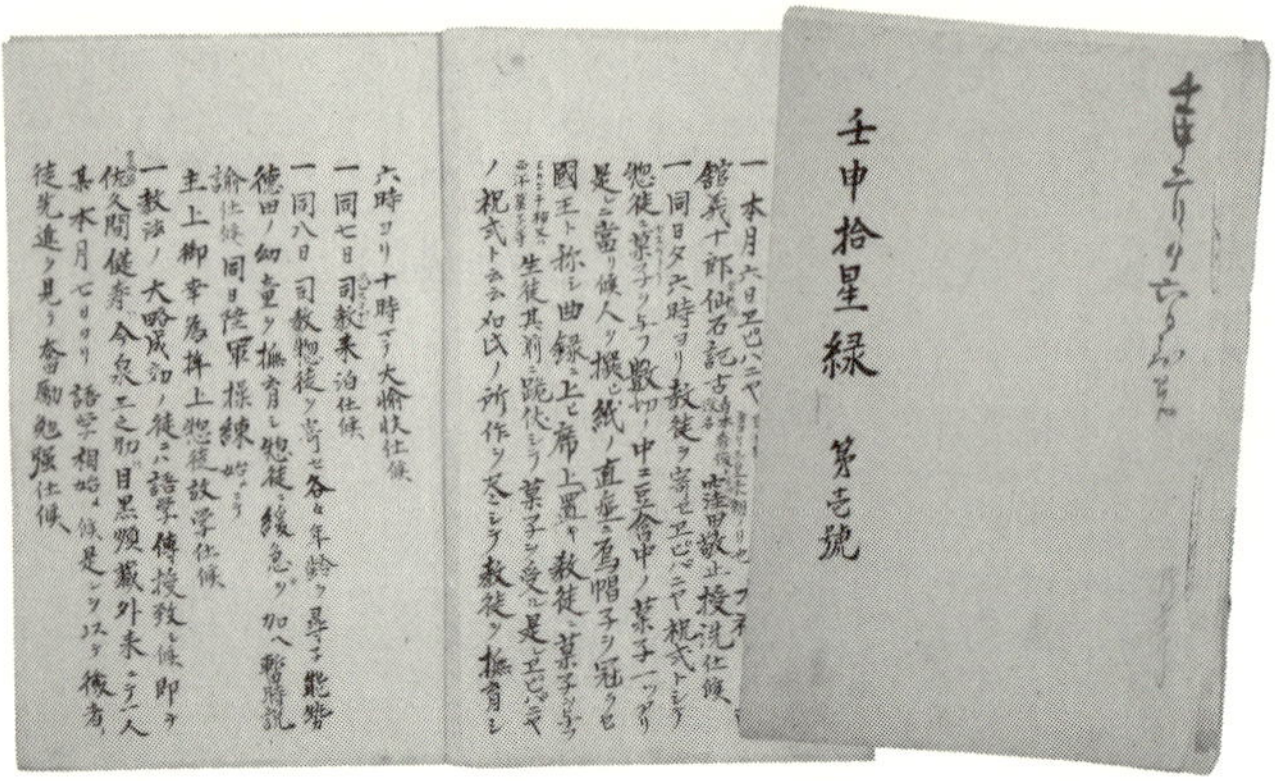

太政官諜者はキリスト教を見張るためスパイ活動をおこなっていた。頁の左に目黒順蔵の名前が見える。『耶蘇教諜者各地探索報告書』の『壬申拾星録　第壱号』早稲田大学図書館所蔵

されていた。上等・中等・下等・等外の階級があり、俸給は上等が月額二〇両、中等一五両、下等一〇両、等外一等七両などとなっていた。俸給を得ている以上、職務に忠実であったことはもちろんであるが、それ以上に彼らは耶蘇教撲滅の信念に燃えており、諜者の中には洗礼を受けて天主教徒になりすました上、教会の内部情報を探り出す者もいた。

　マラン塾・東京ラテン学校を担当していた諜者は野上二郎《のがみじろう》（等外一等）と東郷巌《とうごういわお》の二名であるが、野上二郎は最初にマラン塾を訪れたときから「立原謙蔵《たちはらけんぞう》」という偽名を使い、後述するように明治六年二月十二日に洗礼を受けている。彼はそのことを『耶蘇教諜者各地探索報告書』の最初の報告書『壬申拾星録　第壱号』の中で「東京霊寺僧立原謙蔵、野上二郎偽名也」と記している。

明治政府が太政官諜者を派遣した時期は、明治四年十二月から明治六年四月にかけてであるが、「探索報告書」を読むかぎりマラン塾・東京ラテン学校に諜者が潜入していた時期は明治五年二月から明治六年二月までの約一年間で、順蔵の在籍期間とほぼ一致しており、この間の順蔵の動静も後に述べるように諜者によって報告書に記載されている。

太政官諜者たちは、明治六年二月二十六日にキリスト教禁制の高札が撤去されるとほぼ同時に姿を消すが、正式には同年十月に「西教蔓延防止困難ニ付取扱掛及諜者一同免職願書」を提出し、政府はこの願書を受理するという形でキリスト教に対する諜報活動に終止符を打った。

10　東京ラテン学校での洗礼

マラン塾・東京ラテン学校に集まった青年たちは宗教に特別な関心があったわけではない。ましていわんや天主教徒になるつもりで入塾したわけではない。食住学費無償でフランス語が学べると聞いてやってきた者が大部分であった。しかも、ここ以外に頼る先のない者たちであった。だから彼らは、マラン教師がキリスト教の宣教師であり、塾がキリスト教禁制下での天主教会であることを知ったとき驚きもしたろうし、塾を去る者もいたであろう。しかし多くの塾生たちはそれが出来ない。

順蔵とても同様で、戊辰戦争後の仙台での生活を思い出していた。土樋で米穀商で米を搗《つ》いて暮らしていたあの惨めさを思うと、ここは極楽であった。食住の心配がないだけではなく勉強の時間は十分にあり、「ブルス」（フランス語で財布・奨学金の意味）として多少の現金も支給された。何よりも青年たちを惹きつけていたのは、ここで教授される天文・地質・博物・究理（物理）などの欧米文化と最新の科学でありまたフランス史をはじめとする各国史を通じての欧米社会に関する新しい知識と神父たちの言葉であった。

「教義の大略成功の者には語学を伝授す」という約束があったから、神父の指導に従って真面目に勉強していれば、いずれフランス語が学べることは間違いない。「教義の大略成功」とはカトリックの教義を学び洗礼を受けて信徒になる事である。カトリック教会では、現在でも教会の門を叩いてから洗礼を受けるまで、すくなくとも半年、通常一年間くらいは教義を学ばなければならない。そうすることによって揺るぎない信仰をもった信者を育成するのである。パリ外国宣教会は宣教師集団であるから、宗教教育によって青年たちの信仰心を育て、これに洗礼を授けて信者にすることが重要な使命であった。トーマス・アクイナスの哲学・神学説に裏づけられた宗教教育は着実に青年たちの心をつかんでいった。

明治五年九月二十九日、東京ラテン学校付属聖堂で最初の日本人の洗礼式が行なわれた。洗礼を受けたのはミカエル・イエズスきぬまきという三十歳の男性とヨハネ佐久間健壽《さくまけんじゅ》（宮城県）の二人であった。「きぬまき」という人物については、佐久間健壽と共に仙台を出奔した江馬耕蔵か、あるいは諜者ではないかと疑われるが確証はない。佐久間健壽（鐵園《てつえん》）は仙台藩画員佐久間六所《ろくしょ》の孫で、彼自身も画家として大成し、後に文部省絵画展覧会審査員などをつとめた。

二回目は同年十一月一日（諸聖人の大祝日）に行なわれ順蔵ら三人が洗礼を受けた。順蔵はパウロという洗礼名を授けられた。今泉三《いまいずみさん》之《の》助《すけ》はヨゼフ、下村祐三《しもむらゆうぞう》はペトロであった。三人とも宮城県出身である。この洗礼式の模様を太政官諜者（東郷巌）は次のように報告している（十月十六日付、第六十七号）。

同十月朔《さく》諸聖祝日ニ付キ五字*入堂　宮城県目黒順蔵　今泉三ノ助　下村祐三三名受洗有人佐久間健治圓《えん》五《ご》良《ろう》前三人列ノ如ク代父トナリ勤式相行ヒ申候《もうしそうろう》　諸事先月言上ノ通リ洗禮《せんれい》ノ密意粗《ほぼ》別誌ヲ以テ申上候《もうしあげそうろう》（以下略）

＊　五字は五時。

年明けて明治六年一月六日には、青木秀俊《あおきひでとし》（十七歳、岩手県）、窪田敬止《くぼたけいし》（二十二歳、宮城県）、南舘義十郎《みなみだてぎじゅうろう》（二十五歳、宮城県）の三名が受洗した。この日は「主イエズスの御公現の祝日」（エピパニー）であるが、この日の出来事を諜者は次のように報告している（一月十六日付、第八十九号）。

改暦癸酉《きゆう》一月記

一　本月六日エピパニア（耶蘇降世十三日目ニ東方ヨリ三皇来朝ノ日也）大祝日ニ付南舘義十郎　岩手県仙石記古（青木秀俊ト改名）窪田敬止受洗　仕候《つかまつりそうろう》

一　同日夕六時ヨリ教徒ヲ寄セ　エピパニア祝式トシテ惣徒《そうと》ニ菓子（カステーラ）ヲ与フ　数切ノ中ニ豆含中ノ一ツアリ　是レニ當《あた》リ候人ヲ撰《えら》ビ紙ノ直垂《ちょくすい》ニ烏帽子《えぼし》ヲ冠ラセ国王ト称シ曲録《きょくろく》ニ上セ席上ニ置キ教徒ニ菓子ヲ与フ（ミカン干柿又ハ西洋菓子等）生徒ハ其前ニ跪伏《きふく》シテ菓子ヲ受ル是レエピパニアの祝式ト云々　如此ノ所作ヲ尽シテ教徒ヲ撫育シ六時ヨリ十時マデ大愉快　仕候《つかまつりそうろう》

同年二月十二日には鈴木亦人（宮城県）のほか河東田剛《かとだつよし》（二十歳、宮城県）、細淵源一郎《ほそぶちげんいちろう》（二十二歳、神奈川県）および立原謙蔵が受洗したが、この立原なる者太政官諜者野上二郎の偽名であることは先に述べたとおりである。

四月十二日（復活祭前日）には、のちに内閣総理大臣となる原敬（十七歳）や沼邊悦三郎（十五歳、のちに原敬の盛岡私邸の執事）など十六名が受洗している。九月の江馬耕太郎（十二歳）、十二月の竹内壽貞（二十九歳）などをはじめ、明治六年末までに受洗者数は六十二名に達している。

東京ラテン学校でのカトリックの洗礼を受けたものの多くは奥羽越列藩の青年武士たちであり、なかんずく仙台藩士が全体の四〇％を越えており、南部藩と合わせると六〇％を超えていた（沼健吾氏による）。これは、戊辰戦争後、鈴木亦人と竹内壽貞の二人の医師が上京して得た情報を熱心に仙台の友人たちに奨めたからであるが、そのほかに伊達政宗以来、仙台藩は外国と切支丹に対して比較的に寛容であったことも考えられる。明治七年に入り、復活祭とそれに先立つ一週間（聖週間）の行事は、東京では初めてのことであったから太政官諜者はその典礼の次第も克明に観察報告している。

二　横浜天主堂

東京ラテン学校で十一月一日に受洗した順蔵は、同月二十四日ミドン神父とともに横浜天主堂を訪問している。横浜天主堂は一八五九（安政六）年に来日したジラール神父の手により建築が進められ、一八六二年一月（文久元年十二月）にパリ外国宣教会のムニクー神父により献堂式が行なわれた。同教会の正式名称は「聖心教会」（Eglise de Sacré-Coeur）であったが、教会用語に漢語を用いるというジラール神父の方針により正面入口には「天主堂」の額が掲げられた。この天主堂は今日では写真等で往時の姿を偲ぶしかないが、一八六一年暮れの完工直後に天主堂を視察に来た三河の僧侶雲英晃耀《きらこうよう》は天主堂の威容を次のように書き残している。

横濱ニ行クニ一堂アリ。コレヲミレバ天主堂トアル。額《がく》ヲ上《あげ》テソノ勢《いきおい》堂々タルコトナリ。感慨ムネヲツキ、フンパツヒヂヲイカラシ、聲《こえ》ヲ上《あげ》テタンソク致セシコトナリ

（『護法総論』）

排耶運動（キリスト教排斥運動）の急先鋒の一人であった晃耀がこのような感慨を抱いたところを見ると、天主堂の威容は当時の日本人には想像を絶するものだったのであろう。

順蔵の横浜行きについて太政官諜者報告書（第八十九号、十一月下浣誌）は、「本月二十四日教師ミドン目黒順蔵下港《げこう》仕《つかまつり》候《そうろう》」と簡単に記している。新暦の十二月二十四日は、クリスマスの前日である。順蔵はミドン神父と連れ立って新橋（汐留）から汽車に乗った。鉄道は五月七日（新暦六月八日）から品川—横浜間で仮開業していたが、路線が新橋まで延長されて九月十

三代広重《横浜商館天主堂ノ図》1870年、横浜開港資料館所蔵

二日（新暦十月十四日）に正式の開業式が行なわれ、当時、新橋―横浜間の鉄道運賃は上等一円五〇銭、中等一円、下等三七銭五厘であった。二人が乗ったのは下等であったが、下等とはいえ運賃三七銭五厘は現在の金銭感覚に直すと四千円くらいだというから相当高価であり、ミドン神父が順蔵を汽車に乗せてくれたことは特別の計らいだったことがわかる。

　イギリス人機関士が運転する汽車に乗って横浜の停車場（野毛山下）に降り立ったミドン神父と順蔵は外国人留地にある天主堂に向かった。日本人の居住区域の東側（現在の日本大通と元町のあいだ）に広がる外国人居留地に着いて、順蔵は立ち並ぶ欧風建築に目を見張った。それは順蔵にとって異国そのものであった。その夜、降誕祭の深夜ミサに参列した順蔵は本格的な天主堂の荘厳さとそこで熱心に祈る異国人信徒の姿に強い感動をおぼえた。順蔵は、欧州文明があらゆる文明の中の末子でありながら最高に開化した文明であるのは、キリスト教による民衆教化の結果にほかならないと考えた。

東京に戻った順蔵は、その一か月後に「道は人間の大典なり」ではじまる一文を新聞草稿として書いた（一三七頁）。その主旨は、西洋各国が治教隆盛なのは天地万物の主宰者である天主に奉事する天主教が国の根本にあるからであり、自分たちも天主教によって新しい国づくりのために尽力したいという願いであった。この一文はもちろん太政官諜者の目にも留まり「宮城縣目黒作述新聞艸稿写」（明治六年二月二十五日）として早稲田大学図書館所蔵の「大隈文書」に収められている。この新聞草稿が掲載された翌日（二月二十六日）キリスト教禁制の高札が撤去され、これ以後、各地の太政官諜者は姿を消した。

12　フランス語事始

順蔵が横浜天主堂の参詣を終えて帰京したのは十一月二十九日（新暦十二月二十九日）であった。十一月は小の月（陰暦では二十九日の月）であり、この日が月末であった。折しも太陽暦（グレゴリオ暦）の採用で十二月三日が明治六年一月一日となったので、順蔵が東京に戻って三日目には明治六年の正月を迎えたのであった。この年は年越しの行事もなく新年を迎えた人が

大阪の家に残っていたフランス語の文法書『法朗西文典』(1861)。
これを使用して目黒順蔵はフランス語を学んだのだろうか。

多かったという。

明治六年一月七日。東京ラテン学校の授業再開とともに、フランス語が開講された。受講を許された者は、佐久間健壽、今泉三之助、目黒順蔵と外来の生徒某（おそらく諜者野上二郎）の四名であった。太政官諜者報告書（第八十九号）には、

教法ノ大略成功ノ徒ニハ語学傳授致シ候
即チ宮城縣佐久間健壽　今泉三之助　目黒順蔵　外来ニテ一人某　本月七日ヨリ語学相始メ候　是ヲ以テ後者ノ徒先進ヲ見テ奮勵勉強仕候

と記されている（四二頁の図）。教法とはカテシスム（天主教要理）を指すのであろうから、フランス語の受講者は東京ラテン学校で洗礼を受け天主

教徒になった者に限られていた。

フランス語の授業は土日をのぞいて毎日午後二時から三時まで行われた。当時は今日のように外国人のために特別に用意された教授法があったわけではなかったので神父たちはフランス本国の学校で使用されている初等文法・初等読本に準拠しつつ、日本人向けに特に工夫を凝らしたメソッドによってフランス語を教えていた。生徒たちが最も苦労したのは発音であったという。生徒たちは教師の発音を一生懸命に真似るのだが教師はなかなか良いと言わない。生徒たちは日本語（しかも東北訛り）の発音基底でフランス語の発音を受け入れるのだから、その発音は似て非なるものであったらしい。ともあれ東京ラテン学校でのフランス語教育は神父たちの熱意と生徒たちの燃えるような向学心によって着実に成果を挙げていた。

当時東京ラテン学校でフランス語を学んだ人々は生涯フランス語から離れることがなかったことは特記に値する。原敬記念館（岩手県盛岡市）に保存されている原敬のフランス語学習帳を見ればその語学力はかなり高いものであったことが窺がえる。原敬は東京ラテン学校で学んだ後エヴラール神父の学僕として新潟に赴き、一年間エヴラール神父と起居を共にして宣教を手伝いながらフランス語を学んでいる。

明治六年二月二十四日、キリスト教禁制の高札が撤去されると、同年暮れまでに東京ラテン学校は漢学部を廃止し、神学校として司祭養成だけを行なう機関とすることが決まった。

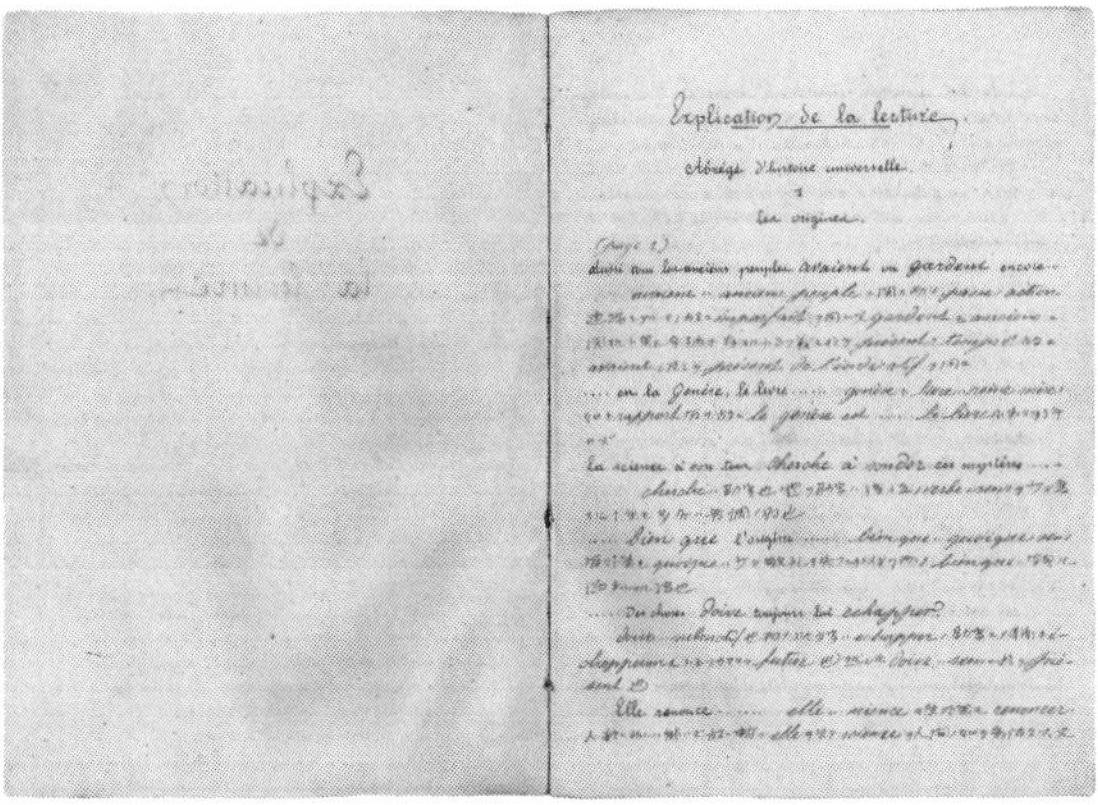

原敬のフランス語ノート。原敬記念館蔵

漢学部はキリスト教禁制下での布教機関としての役割を担っていたが、キリシタン禁制の高札撤去によりキリスト教の布教が黙許されたため、神父たちは今後、正式の教会（カトリック教会でいう小教区）の建設に専心することにした。こうして明治七年には築地教会（現在のカトリック築地教会）と神田教会（現在のカトリック神田教会）が誕生する。

漢学部廃止に伴ない、それまで漢学部で学びそこで受洗した信徒たちは、フランス人神父たちの願いに応えてそれぞれ、新潟に、仙台に、盛岡に、多摩などにと各地に赴き布教の手助けをした。ある者は伝道士として、またある者は家業を営みながら信徒として布教活動を行なった。各地に散った佐幕派の青年たちが、それぞれの地域における出会いの中で蒔いた「フランス」という種が信仰という実を結ばずとも新しい価値観を伝えていったことに注目したい。

13 葉山・山口小学校

順蔵は仙台に戻っても就職の目当てはない。できれば横浜に行って教会の仕事を手伝いながらフランス語の勉強を続けたい、とマラン神父に申し出て快諾を得た。明治六年四月末に東京を離れて半年ぶりに横浜に来た順蔵は横浜天主堂の威容に崇敬の念を新たにし、一方、天主堂付属の司祭館や印刷工場でいきいきと働く若い信徒たちの姿に力が湧いてくるのを感じた。

横浜での新しい生活が始まって二か月ほどが過ぎたとき、突然大きな変化が順蔵の身に起きた。前年（明治五年）八月の学制頒布にともなって日本各地に小学校が設置されることとなり、各地の町村は教員確保に大わらわであった。六月末近く神奈川県葉山の一色村の戸長（村長）伊東春義が天主堂に順蔵を訪ねてきた。用件は葉山の上山口・下山口・木古庭・一色の四つの村が連合して小学校を開設することになったのだが教員がいなくて困っている、ついては首座教員（校長）として葉山の小学校に来てもらえないかということであった。

伊東春義は順蔵が仙台の養賢堂出身であり「小学講究」「四書五経」「七書講究」などの教員登用試験に合格していることを調べていた。突然の話に順蔵は驚いたがマラン塾以来フランス人神父たちから受けた恩義を思い、横浜天主堂での仕事を考えればにわかに横浜を去ることはできない。結局、伊東春義が直接フランス人神父と話した末、順蔵が教員として子どもたちに教えることは教会にとって決してマイナスにはならないということで、神父たちは葉山行きを許してくれた。毎週土曜日午後から横浜天主堂に来て日曜日はミサに出席し、教会の仕事も手伝うという条件付きだった。

山口小学校（当時の山口学校）は明治六年七月十日に葉山の新善光寺を仮校舎として開校された。山口学校開校とともに葉山に赴任した順蔵は、伊東戸長の世話で一色村の鈴木市郎衛門宅に寄寓することになった。鈴木宅での順蔵の処遇は申し分なかった。先生として丁重に扱われ、朝夕二食のほかに弁当も用意されていた。

山口学校の教員は首座教員の順蔵と山口村観正院住職の梁瀬《やなせ》證圓《しょうえん》和尚の二名だけであり、順蔵が「読み書き」を、梁瀬和尚が「算盤」を教えた。当時の生徒数は記録に残っていないが百名内外であったと伝えられており、複式学級であったという。順蔵は教材として名頭《ながしら》や伝統的な往来物、『日本國盡《にほんくにづくし》』のほか福沢諭吉の『世界國盡』（明治二年）、また明治四年以来順次刊行されていた『学問のすゝめ』なども用いた。

山口学校で教え始めてから八か月あまりが過ぎた明治七年三月も下旬に近いある朝、順蔵は一通の郵便書状を受け取った。差出人は福島県伊達郡小坂《こさか》の角田某なる人である。これまで一度も手紙をくれたことのない人からの来信であり、しかも封筒には「至急親展」と記されている。大急ぎで封を開くと、兄行蔵の訃報であった。行蔵が三月二十四日に他界したことが簡潔に記され、お悔やみの言葉が添えられていた。三年前に上京の途次、小坂に立ち寄ったとき、自分もいずれ上京して医学の道を究めたいと語った兄、そして一月前の手紙で上京の予定を知らせて来た兄の突然の訃報であった。順蔵はこのときの驚きと悲しみを「神奈川小学校に勤務中伯兄の逝去に遭遇すたる紀事」（一四一頁）の中で語っている。

兄の死を鈴木市郎衛門に告げたところ、いたく同情し戸長伊東春義と相談の上、すぐさま旅費を出してくれた。順蔵はその日のうちに葉山を出発して小坂に向かった。小坂は福島県とはいえ宮城県との県境に近く、葉山からは八八里（約三五〇キロ）の道のりである。順蔵は歩いたというよりはほとんど走るようにして五日で小坂に着いた。葬儀はすでに終わり、遺骸は北半田村（現在の東北本線桑折《こおり》駅の西）の豪農早田国次郎の墓所に埋葬されていた。行蔵の墓碑建立を済ませた順蔵は三年ぶりに仙台に立ち寄った。短い滞在であったが久しぶりに鈴木亦人ら旧知と再会を喜び合った。亦人は平田友雄、江馬耕蔵らとともに旅費および当座の生活費としてフランス人神父からおのおの一両金貨一枚を支給されて仙台に戻り、それぞれの立場で天主教の布教に携わっていた。

順蔵がふたたび葉山に戻ったときは四月も二十日を過ぎていた。子どもたちは久方ぶりの授業に大喜びであったが、順蔵は行く末を悩んでいた。兄行蔵の死去にともない順蔵は家督を相続した。当時、家督の権利と義務は今日では想像もつかないほど大きかった。仙台の実家には母のほかに二人の姉と当時まだ八歳になったばかりの弟末之丞と、さらに年下の妹がいた。母と弟妹の扶養は家督の重要な責務である。弟妹の教育費を含めてすべてが順蔵の双肩にかかる。葉山で小学校の教員をしているわけにはいかない。

順蔵が鈴木市郎衛門と伊東春義に山口学校の首座教員を辞したい旨を願い出たのは明治八年五月であった。後任の教員が見つかるまでという鈴木と伊東の希望もあり、順蔵が葉山を離れ横浜に転居したのは同年九月であった。横浜では大槻文彦の紹介で浅間下《せんげんした》に下宿を見つけ、そこに住んだ。

14　医師への道

横浜天主堂では主任司祭テストヴュイッド神父（明治六年八月来日）が順蔵を正規の伝道士と

して採用してくれた。日本語がまだ不自由だった神父はフランス語を解する順蔵を重宝にしたし、順蔵にとっても安定した収入が確保できた。

この年の暮れ、仙台の医師鈴木亦人から一通の手紙が届いた。手紙は順蔵に医師になることを奨める内容であり、八月に新たに「医制」が発布されたこと、十月には「開業医免状下付制」が制定され、内務省の医術開業試験が開始されたことなどが書かれていた。加えて佐倉順天堂出身の長谷川泰が東京に医師志望者のために私塾を開校するので、そこに入れば受験準備に役立つであろうとも書かれていた。順蔵は兄行蔵の死去以来、兄の志を継いで医師になることも考えていたし、兄の遺品には最新の医学書が多くあったから高価な医学書を買い整えなくともいい。決心は早かった。順蔵も一月には満二十九歳。二度とない機会だった。

一八七六（明治九）年四月九日、長谷川泰が東京本郷元町に開校した西洋医学校「済生学舎」に、順蔵は第一回生として入学した（済生学舎については唐沢信安『済生学舎と長谷川泰』（日本醫事新報社）に詳しい）。横浜天主堂の伝道士の身分のまま済生学舎に入学する許可をテストヴュイッド神父は快諾してくれた。開校当初の済生学舎は修業年限三年としていたが、医術開業試験の受験を目標とする予備校的な性格を有する学校であった。「医師は医学卒業の証書及び内科、外科、眼科、産科等の専門科目二年以上実験の証書を所持する者を検し免状を与えて開業を許す」と「医制」（明治七年）に定められていたから、早ければ二年で受験資格が得られる。在学中に試験に合格すれば三年間在学の必要はなくなる。順蔵は専門科目を内外科と眼科に特化した。科目によっては独学で済ませられるものもあったから東京への通学は週三日くらいだったらしい。順蔵は時間の節約のため鉄道を利用したという。

一八七八（明治十一）年四月、順蔵は医術開業試験で内外科と眼科の二科に合格した。ちなみに医籍番号は眼科が六八九番、内外科が一六〇八番であった。医術開業試験二科に合格した順蔵は直ちに仙台の鈴木亦人に合格を知らせ、医師の就職口を探してくれるよう依頼した。その返事には仙台で就職できるよう最大限の努力を惜しまないが、同時に東京でも就職先を探すほうがいい旨が記されており、石川桜所《いしかわおうしょ》（良信）あての紹介状が同封されていた。

石川桜所は仙台藩出身で西洋医学を伊東玄朴やヘボンに学び、仙台藩医から幕府の侍医となり第十四代将軍家茂、第十五代将軍慶喜に重用された高名な医師である。桜所は将軍慶喜を補佐したという理由で朝敵とされ明治二年五月から九か月にわたって投獄された。明治四年十月兵部省に召され軍医監にまで上った。順蔵が出会った当時は、桜所はすでに引退して神田駿河台の香雲閣で療養生活を送っていた。桜所は詩文に長じていた。順蔵が詩を嗜むと聞いて帰りがけには自作の漢詩を贈ってくれた。その後二人の間で詩の交換がつづく。桜所はその四年後、明治十五年に他界する。松島瑞巌寺には「桜所石川先生寄蹟之碑」（明治二十七年二月二十日建立）が残るが合計一〇三人の賛助人・発起人の中に西周《にしあまね》、大槻文彦、大童信太《おおわらしんだ》夫《ゆう》と共に鈴木亦人・目黒順蔵が名を連ねている。

15 排耶論者・佐田介石

明治政府による切支丹禁制高札の撤去は、キリスト教の黙許であった。それ以来欧米の宣教師たちの活発な布教活動によって、そしてまた、早急な欧米化の流れの中でカトリック、プロテスタント、ロシア正教を問わずキリスト教は信徒数を増していった。このままでは、日本がキリスト教化するのではないかとの懸念が仏教界に強く、とくに真宗本願寺派は精力的に排耶運動を進めていた。明治八年には興隆社を、明治九年には酬恩社を結成して活動を開始した。明治十年代に入るとこの二社を中心に排耶書の配布や排耶演説会が各地で開催され、その先頭に立った僧侶の一人が熊本県の佐田介石《さだかいせき》（一八一八〜一八八二）であった。

佐田介石は肥後国八代郡種山村の浄立寺の住職の子に生まれ、少年時代には熊本藩の藩校で儒学を学び、のちに西本願寺で仏教修業に励んだ。介石は、開国による浮華虚栄の西洋化の風潮を憂う一方、地動説は須彌山《しゅみせん》を中心とする世界説を否定するものであり仏教を滅ぼすと考え、仏教天文学の著書『鎚地球略説』（一八六二）を上梓した。天は平面であるが地上から見れば東西南北に垂れ下がって半円のように見えるというものである。さらに彼は『星学疑問』（一八七四）、『天地論征論』（一八八一）によって西洋天文学を強く批判した。介石は、またキリスト教を鋭く排斥するとともに文明開化にも反対し、農本主義と鎖国維持を主張した。その極端な排外主義は「ランプ亡国論」「鉄道亡国論」「牛乳大害論」「蝙蝠傘《こうもりがさ》四害論」「太陽暦排斥論」へとしゃにむに進んでいった。

明治十一年初め、介石は東京に出て浅草新堀の本光院住職となると、各地で仏教演説会を開いた。六月には、横浜で排耶演説会を連続して開くことになった。伊勢山で行われた初日の演説会の模様を『朝野新聞』（明治十一年六月二十二日付）は次のように報じている。

横浜新聞に云ふ新発明の天文家佐田介石稲垣實眼の両人が過る十二三日の頃伊勢山に於て説教せし時師範学校の生徒某氏が傍聴席に列なりその天文地理談を聞きおはりし後両人の前に進み出て只今両師の説を傍聴するに其理あるが如し併しながら両師が地界が平面にして動かず却て太陽が運行すると説かるる一條が大に子が説と異なる者の如し抑々地界が平面ならば何の上に乗り居ると尋ねたれば彼の法師が御尋ねの趣は御尤もなり一体地界は平面にして其下に地軸と申す者あり地界は地軸の上に乗り居る者なりと答へたり某氏が又推して然らば地軸は何の上に乗り居るぞと問ひしに彼の法師は暫時当惑

したる顔して地軸が何々の上に乗り居ると答へたり某氏が猶推反して然らば何々は何の上に乗り居る者ぞやと問ひたれば彼の法師は其の返答に窮しその様に六ヶ敷事は此席にてはお答出来兼ぬれば後刻拙宅へ御越し下されたしと云つて其座を立ちたりと。

この日の演説会で介石は地動説とともに耶蘇教を激しく攻撃した。順蔵は浅間下の天主教伝道所にあって、介石のキリスト教攻撃を看過出来なかった。

16 神奈川本覚寺事件

介石の仏教演説会が六月十五日から三日連続で神奈川の本覚寺で行われることになった。順蔵は、キリスト教が攻撃された場合ただちに反論すべくこの演説会を傍聴することにした。演説会の前日、テストヴュイッド神父に事の次第を話し、介石がキリスト教を攻撃した場合には、これに反論する許可を求めた。神父は「『天主の道』区々たる僧侶輩の駁撃をもって衰頽するのおそれなし」と答えた。順蔵は「陽に許さずといえども陰に賛同するものの如し」と言い、演説会に行く旨を告げた。介石の排耶演説はそれなりの影響力があり、カトリック信者の中から教会を離れていく事例が相次いでいた。テストヴュイッド神父がそれに頭を痛めていたのも事実だった。

六月十五日、順蔵は、青年脇屋道美を伴って演説会場の本覚寺に赴いた。演説の最後に、順蔵が質問を申し出たが、介石は前々日の師範学校生徒の質問にたじたじとなった経験から論争を嫌い「質問せんと欲せば書き物を以てすべし」と言って質問に応じない。そればかりか世話役らは二人を目がけて乱暴狼藉をはたらく始末で、演説会は大混乱となった。順蔵はこの事件を「本覚寺に於て僧侶と議論すたる紀事」（一四五頁）と題して詳細に書き残している。

佐田介石案、田中久重作《視実等象儀》。これによって天動説を説明し、目黒順蔵たちを糾弾した。画像提供：国立科学博物館

これは論争というよりは介石の発言を巡っての両者の闘争・乱闘への顚末を描いたものである。とはいえ両者の間の論点は明確に浮かび上がっている。一つには介石が支持する仏説天文暦法問題であり、二つ目は、それと関連するが明治政府の新学制と国民教育・教育政策に関する問題である。

介石は、彼自身の発明になる天文等《とう》

象儀《しょうぎ》を持参して天平地平を説いた。

東京ラテン学校で地動説や太陽暦を学んだ順蔵にとっては非科学的な仏説天文暦法は受け入れられないものであった。また介石は、人倫は東洋学、科学技術は西洋学という明治政府の教育政策にも反対しており、文明化（西洋化）の全面的な拒否であったから、順蔵には「帝国」と「国民教育」の否定と映ったのである。

この事件は各新聞の報ずるところとなり世間の耳目を集めた。『横浜毎日新聞』（明治十一年六月十八日付）は事件を次のように報じている。


天文地理の新発明とう唱へ渾天儀《こんてんぎ》と須彌施儀《しゅみせんぎ》を混淆した様な一個の新儀を作り之を等象儀と名つけ去る十二日伊勢山道了社に於て雄弁を揮ひ説教したる法師佐田介石稲垣實眼（五十六年一ヶ月）の両名は十三日より十四十五と神奈川駅本覚寺に於て説教を始めたれば老若男女は山を成して来聴し如何にも盛んなれば兼て天文地理学に詳しき宮城県士族（医者）目黒順蔵静岡県士族鈴木常成（二十三年）は彼の法師の偽説を一駁せばやと同駅にて耶蘇信仰の名ある青木町字軽井澤結髪職脇屋道美（二十年）を伴ひ去る十五日右本覚寺に至り傍聴するに件の法師實眼は台に昇て舌を鼓し喋々と天文地理を談し佐田介石先生の発明せし地球儀は実に衆人の目を驚うし殊に諸学校にて教へられし天文と

大に異にして云々若し聴人の中議論あらば質問せられよ杯餘り傲慢げに言ひたれば彼の道美は突然怒り出し汝らの説法は学校の教則と反休せりいざ質問せんと大声を発して二度迄立上りたれば数人の傍聴人大に騒立て妨害者め叩き出せと多人数一同に立ち上り畳を以て撃つ者あれば煙草盆を以て叩く者あり其騒動一方ならざりしば坊主は逃げ出し女児は泣出し其物音に巡査は駆附け霹靂一声叱咤すれば今迄鼎の如く沸騰したる騒動は水の泡を消すが如く治まりたり然るに巡査は段々事の次第を取糺し猶ほ道美を起して其疵を改むれば頭上二ヶ所あれども大勢の人是と言ふ対手もなく已むを得ず道美のみを拘引されたり後ち聞けば目黒鈴木の両氏もお呼出しにて一応お取調べを被り而して道美はご説諭の上免されたりと云う。

介石は、その後も天動説を唱導しつつキリスト教排斥の運動を続けたが明治十五年十二月九日、新潟県高田で演説中に急逝した。介石の天動説が非科学的なものであるにせよ、それに真っ向から反対し、日本の欧米化を拒む強い主張に共感した人が多かったことも事実である。

17 郷里仙台へ

年は改まり明治十二年を迎えた。この年七月、順蔵は横浜初音町に住む半田久米次郎の長女はなと結婚した。順蔵は三十二歳、はなは十八歳であった。七月になって、待ちに待っていた亦人からの返書が届いた。宮城県衛生課長佐伯真満の尽力によって県立の宮城病院に採用決定の知らせであった。

宮城病院は仙台藩の藩校養賢堂の医学部門が一八一七（文化十四）年に医学館として独立したときに病院部門「施薬所」という名称で発足したのがその起源である。一八七一（明治四）年、廃藩置県によって施薬所は廃止されたが、翌明治五年に旧施薬所関係者の手で仙台共立社病院として再興され、一八七九（明治十二）年に県立宮城病院となったのである。その後、改組・改称を繰り返し東北大学医学部付属病院を経て現在の東北大学病院に至っている。宮城病院への順蔵の就職が決まったのは共立社病院が県立宮城病院に改称された直後の人事であった。養賢堂以来の長い伝統を誇る宮城病院への就職は順蔵にとって望外の喜びだった。

テストヴュイッド神父は出立に際して順蔵に二百円を与えてこれまでの労をねぎらい、当時仙台の元寺小路教会の主任司祭を務めていたプロトランド神父あての紹介状を書いてくれた。順蔵が若い妻を連れて横浜を出発したのは八月初めであったが仙台に着いたのは八月も中旬を過ぎていた。順蔵自身は徒歩であったが、はなのためには駕籠を雇い、また一日の行程を短くしたので十五日の長旅となったのである。

仙台に戻った順蔵は早速に鈴木亦人に伴われて県衛生課長の佐伯真満、次いで宮城病院長の赤星研造を訪ねて宮城病院に採用になったことに謝辞を述べ、勤務についての指示を受けた。順蔵は九月から勤務することになった。共立社病院時代は南町にあったが、県に移管された時、国分町に移転されていた。

仙台に戻った順蔵を驚かせたことは県の中枢を占める人々が仙台藩出身者ではなく、みな「よそ者」だったことである。廃藩置県後、仙台藩出身者は公職に就けないとは聞いていたが、これほど徹底したものであることに順蔵は驚愕した。佐伯真満は秋田の人だったし、赤星研造は九州福岡の出身であった。宮城病院の前身の共立社病院の院長は仙台人中目斎であったが、県に移管されたとき中目は副院長に格下げされ赤星が院長となったのであった。また任命権者として順蔵に辞令を交付したのは県令（知事）松平正直であったが、この人も福井藩の出身であった。要するに県の人事はすべて中央の政府（薩長藩閥政府）が行なっていたのである。宮城県出身者に許されていたのは医師・教師・技術者等の専門職に限られていた。

当時の仙台のカトリック教会の状況はどうであったか。明治六年十二月、禁教令撤去と共に廃止された東京ラテン学校の漢学部の塾生たちはそれぞれの道を歩んでいた。竹内雄平（のちに医師）、今泉三之助（弁護士）、窪田敬輔（弁護士）、多田清介、摺澤静夫（陸軍中尉）、河東田剛（小学校校長）を第一陣に、江馬耕蔵（出版印刷）、鈴木亦人（医師）、平田友雄（警察署長）が第二陣として陸路を徒歩で仙台に向かった。金貨一枚が当座資金として渡されそれぞれ相次いで仙台に入り、北一番町、養賢堂東隣の多田清介宅に伝道所を開設し活動を始めた。青年たちが多く集まり、集会が開かれていた。その数五〇人を超えたと山田虎夫氏が書いている。

明治十年、ブロトランド神父が二名の伝道士（黒沢守治、柴田栄四郎）とコック関利五郎夫婦を伴って来仙し、北二番丁細横丁の水野甚九郎邸に寄宿し、まもなく元寺小路に土地を得て教会の建設に着手した。仙台最初のカトリック教会である。聖堂が完成し、ブロトランド神父を主任司祭として元寺小路教会が正式に設立されたのは、明治十一年五月二十二日のことであった。

明治十一年前後、仙台におけるカトリック教会の揺籃期に、志ある青少年のために教育施設を開設した動きについて述べておきたい。

18　主心学舎

パリ外国宣教会が東京における初期の宣教をマラン塾および東京ラテン学校を通じて行なったように、仙台でも元寺小路教会が設立されると同時に学校設置の計画が進められた。それが「主心学舎」(Ecole du Coeur de Notre Seigneur) である。

学舎の設立許可願は、マラン塾で洗礼を受けた江馬耕蔵と窪田敬輔の名前で明治十一年七月四日、宮城県大書記官成川尚義あてに提出された。宮城県図書館所蔵の主心学舎に関する文書（県庁文書「学事 願伺指令綴 明治十一年 711」）から主心学舎の設立許可願を掲げる。

今般私共両人協同仕自費ヲ以テ仏国ショウモン府人シャル、フロテラン氏ヲ雇入当県下第二大区八小区北弐番丁六拾弐番地江仏学校設立仕度奉存候間御差許相成下度奉願候抑当県ノ如キ既ニ中学校御設立外国学頻リニ御拡張相成候処唯リ仏学ノ設ケアラサルハ誠ニ遺憾ニ奉存　因テ素ヨリ微力ノ私共ニ候得共該校設立教育ノ万一ヲモ裨補仕度念慮ニテ教師ニモ篤ト右ノ宿志縷述仕候処教師ニ於テモ深ク感奮仕敢テ俸給ノ厚薄ヲ不論授業ノ労不厭只管生徒ヲ教導シ将来進歩ノ切ヲ相顕シ度趣申聞候　右同人義ハ仏国宣教師ノ令ヲ受ケ皇国江派出致居候者ニ候得共今般私共申合セ雇入候義ハ必ズ右宣教師法ニテ雇入レ候義ニハ無之仏学普通ノ教授ニ雇入候義ニテ同人江モ右ノ趣篤ト縷述致至候間御詮議ノ上御差支無之候ハヽ開校御許可成下度別紙教師履歴書并教則書教師フロテラン氏トノ定約書共三通相添奉願上候也

追加　宣教師雇入難相成趣先年御布告ニ候処其後青森県ニ於テ同国宣教師アルヘ氏三ケ年普通仏学教師に相雇候義ニ有之且今般ハ静岡県ニ於テモ同様ニ付右江照準之上奉願上候也

明治十一年七月四日

宮城県第二大区十四小区拾壱番地

平民　江馬耕蔵　印

同県下同大区八小区長丁弐番地

平民　窪田敬輔　印

戸長　大立目克諧

区長　氏家次章

宮城県大書記官　成川尚義　殿

この「願い」はいくつかの視点を捉えて作られている。

「われわれはフランス人シャルル・ブロトランド氏を雇い、北二番丁六十二番地にフランス語学校を設立したい。その趣旨はまず、本県にはすでに中学校が設立され外国語学習が拡張されているが、フランス語学のみが設置されていない。したがってわれわれは微力ではあるがフランス語学校を設立して本県の教育の助けとなりたい。ブロトランド氏もわれわれの志に共感し奮い立ち、俸給の厚薄は問わず、労を惜しまず授業に専念し、ひたすら生徒の教導に尽くし日本のために労を惜しまないという覚悟と熱意を持っている。ブロトランド氏は宣教師であるが、フランス語教師として雇い入れるものであり、その旨を本人につぶさにつたえてある。国で定めた『宣教師法』に準じわれわれの費用で雇い入れるもので法に触れるものは一切ない。ご詮議の上、開校ご許可頂きたい。別紙、教師履歴書ならびに教則書、ブロトランド氏との契約書、以上三通を添えてお願い申し上げる」

なお「追加」として「外国人教師雇い入れ条約規則書」(明治六年二月)に則って青森と静岡で宣教師をフランス語教師として雇い入れた前例があると指摘しているが、これは弘前のアリヴェ神父と沼津のルコント神父を指している。なお同時期にル・マレシャル神父が盛岡に仏語共立学校を開校、教鞭を執っている(明治十一年)。

主心学舎の開校許可願を受け取った県はだいぶあわてた様子である。維新後すでに十年の歳月が経過していたが、外国人の国内居住と通行にはさまざまな規制を設けて取り締まっていた時代である。県だけでは判断がつきかねたのであろう。
二日後に県令（知事）代理の宮城時亮の名前で文部卿西郷従道あてに「私立学校ヨリ外国宣教師雇入之儀ニ付伺」を提出し、主心学舎の設立願に対して「許否至急御指揮被成下度候也」を提出して判断を政府に預けた。これに対する政府からの返事はきわめて簡単であった。

開業ノ御指令　私学開業聞届候事
書面外国宣教師ヲ私立学校教師ニ相雇候儀許可相成不苦候事
明治十一年七月十八日
文部卿　西郷従道之印

要するに開校はあっさりと許可になったのである。主心学舎は設立許可願に書かれている場所とは異なる元寺小路教会内に明治十二年一月十二日に開設されたが、『仙臺日々新聞』（明治十二年一月十日付）に出た生徒募集の広告を掲げておく。

本月十二日午前九時三十分　今般当学舎ニ於テ仏国ショウモン府人ブロテラン氏ヲ招待シテ仏語学ヲ開キ理学法学及軍学等ノ諸学科ヲ置キ以テ陸軍幼年学校及司法省法律学校

等へ入学志願ノ者ノ助ヲ為サント欲スルナリ　有志ノ諸君ハ其レ来学アレ
月謝　金十五銭
其他ノ規則ハ来観ヲ乞フ　　　元寺小路九十一番地　主心学舎

開設にあたって提出された「私学開業願」はその学舎の内容を考察できるものであり、資料がほとんど消滅しているマラン塾のあり様もうかがわせるものとなっている。そこには十分すぎるほど整えられた「専門学校」と呼べる学校があった。身分も財力も問わず、本人の意志と努力によってより高い知識を得ることのできる機会が用意されていた。教授される「学科目」がそれをよく伝えている。

四級（乙部）綴り方　習字　会話　数学
（甲部）書取り　文典　作文一（兵学及び法律に関する文を作らしむ）教育書
幾何学　唱歌
三級　文典　作文　地理書　各国小歴史　科学書　究理書　代数学　図学
二級　文典　終身書　一世ナポレオン一代記　英国史　仏国史　欧羅巴開化史「天文学地質学　動植物学　経済学」の大意

一級　法学　理学

ここには、宗教に関する授業科目が一切記されていない。それは、おそらく宗教関係の授業科目を記せば塾の開設が許可されない可能性があったためであろう。いずれにせよカトリックの教理の授業が行なわれていたことはもちろんである。教理の教科書としては『聖教初學要理』（プティジャン編）という仮名本のほか、支那語訳の『萬物眞源』『眞道自證』『聖教明徵』『七克眞訓』『天主實義』などが生徒に与えられていた（『聲』誌、大正七年四月号「老信者の思い出」）。

設立許可願いの文書提出者の江馬耕蔵と窪田敬輔は文書作成に当たりフランス人宣教師らにならい、マラン塾と東京ラテン学校を模したものといえる。そこにはかつて自分たちを受け入れて一切金銭などを徴収することなく、新しい世界があり、新しく生きる道があることを教えてくれたマラン塾の姿があった。

開学翌年の様子を宮城県庁文書「学事学務綴　明治十二年　751」（宮城県図書館蔵）が伝えている。これは宮城県五等属の首藤陸三が主心学舎を抜き打ち視察した報告書の覚書で、一八七九（明治十二）年十二月五日付けで「主心学舎雇外国教師業務上視察御届」として県令（知事）から外務卿井上馨あてに書かれて提出されたものと思われる。それによると、開校当初の主心学舎の通学生は十五名であった。

「フランス語普通学科および法律学科を設置しているとはいえ、生徒はみな初級にとどまっている。学舎主には私学を開設し教師の給料を支払う資力はなく、学舎の建築は天主堂そっくりであり屋上には十字架が立てられていて日曜日には信者が集まり日本語で説教が行なわれている。しかしながら、ブロトランド氏は性質温厚にして、行為は正しく、生徒をよく薫陶し熱心で教育に倦む様子はない、布教の意図はあるようだが教師生徒間の行動には別段支障なく真面目にことが進んでいるように見受けられたのでこのままに容認して差し支えない」と報告している。

視察官の首藤陸三も仙台藩士として苦渋の時間を過ごした人であった。しかしながら残念なことに、主心学舎は開学後一年足らずで学頭江馬耕蔵が急逝、明治十六年には、ブロトランド神父が東京に去ってジャッケ神父が跡を継ぐ。さらに同年「教育令」の改正に従い、「学校要項」も大幅に改定したにもかかわらず、明治十八年一月十九日付で窪田敬輔が学舎廃止申請書を提出、主心学舎は閉鎖された。

今般都合有之本月二十日ヲ以テ該学舎廃止致シ度此段申請候也

窪田敬輔

県からの応えは次の一行であった。

右御指令案左ニ可能愛伺申（割り印）書面之趣認可候事

19　古川病院から田代島へ

話を順蔵に戻す。

明治十三年八月、順蔵は宮城県志田郡古川町にある宮城病院古川分院長に任命された。医術開業試験に合格してからまだ二年余り、医師としての経歴もわずか一年に過ぎない順蔵にとってこの人事は破格の出世であった。仙台国分町の本院での働きが院長赤星研造、副院長中目斉らに認められた上での栄転であった。

当時、古川分院（あるいは分局）は古川病院とも呼ばれていたが、種々の資料によれば明治六年頃からすでに存在していたようである。初期の病院長は不明であるが明治十三年一月には桜田三六、七月には石田真が分院長に就任しその後任が順蔵である。翌十四年一月二十三日に宮城病院古川分院として一新し、目黒順蔵氏を新院長に迎えての開院式が盛大に挙行された。開院式には赤星宮城病院長を初めとして医師・戸長等数十名が出席し多くの祝辞が寄せられた（『陸羽日日新聞』明治十四年一月三十一日付）。

順蔵は家族を仙台に残したままの単身赴任であったから朝早くから夜半まで時に無料で患者の診療に当たり、病院は門前市をなす有様となった。しかしやがて二年半後に順蔵は分院長を辞することになる。当時は士族のみならず商工業者、農民、僧侶などあらゆる身分の人々が国事に奔走し、談論風発の時代であった。とくに戊辰の役に敗れ、賊軍扱いされていた地方では薩長藩閥政府の専制政治に反目する空気と共に、自由民権の運動はことのほか激しかった。順蔵は医業の傍ら、自由民権を標榜する青年たちの指導にもあたった。

かつてフランス人神父の下でカトリックに改心した者たちは自由民権の思想に共鳴した。順蔵は青年たちを「導くに操行堅実にして真摯《しんし》を以てせり。然れども青年輩は客気《かっき》横溢《おういつ》にして動《やや》もすれば粗暴の挙に出る者も亦往々《おうおう》尠《すくな》からず」とその感想を書き残している。それに加えて、県の要職が「よそ者」に占められていた時代であったから当然の帰結として小吏間のいがみ合いや貶め合いがひどかった。それは教師や医師にもおよび、ために順蔵は古川分院から仙台の本院への転勤を命じられる。降格、これは事実上の左遷である。

明治十六年二月、順蔵は古川分院長の職を辞して同じ古川で開業した。金成善左衛門《かんなりぜんざえもん》らの勧めもあっての独立開業が思わぬ波紋を投げかけることになった。順蔵の後任として古川分院長となったのは小山海平《おやまかいへい》であったが、患者はことごとく順蔵のもとに集まり、小山院長の古川分院は閑古鳥が鳴く有様となったのである。

これに困惑したのは順蔵を宮城病院に就職させた佐伯真満である。このとき鈴木亦人は順蔵を仙台に呼び、順蔵が古川で開業することは県令（知事）に抗することになる旨を告げ、古川での開業をやめて医師を求めていた無医村の田代島に行くことを勧めた。順蔵も畏友鈴木亦人の意を汲み、明治十六年六月古川を去って田代島に行くことを決した（島流しである）。この間の事情を詳しく記したものが「古川病院を辞して田代に赴きたる理由の紀事」（一五九頁）である。

田代島は牡鹿半島の先端近くの仙台湾に浮かぶ小島（江戸時代の流刑地）であり、島民の多くは江戸時代から漁業に従事していた。田代島では同村の総代阿部久八郎がなにくれと世話をしてくれたようであるが、この時期の順蔵の生活を伝える資料はない。ただ一つ明治十七年五月初めに金華山を訪れたときのことを順蔵は「金華山を游覧すたる紀事」（一七二頁）として書き残している。これは当時の金華山の様子を伝える資料として興味深い。田代島時代は順蔵にとって煩わしい人間関係から離れた休息の時期だったようである。

20　ふたたび仙台へ

明治十八年六月、順蔵は二年にわたる田代島での勤務を終えて仙台に戻り、東二番丁五十六番地の自宅で内外科および眼科を開業した。

明治二十年代から三十年代にかけては順蔵にとって安定した時期であった。医業は順調であり、明治二十二年に結成された仙台医会医学講談会の一員としても活動していた。明治二十五年には弟末之丞が東京帝国大学工科大学採鉱冶金学科大学を卒業し三菱鉱山部に就職し、家督としての荷も降りた。この時期は日本も新しい国家建設の道を歩みはじめていた。

仙台でも戊辰戦争の傷跡が徐々に癒えるとともに惨めな賊軍意識も収まり、人々のあいだには新しい時代への期待が高まっていた。明治二十年四月には第二高等中学校（旧制第二高等学校の前身）が設立され、同年十二月には東北本線上野—仙台間が開通（明治二十四年には上野—青森間が全通）。明治二十二年四月には仙台区は市制施行により仙台市となった。

仙台のカトリック教会も神父たちの熱心な布教活動の結果、信徒数も着実に増加していた。元寺小路教会では初代主任司祭を勤めたプロトランド神父につづいて、明治十五年にルマレシャル神父、ドルアール・ド・レゼー神父、フォーリ神父、ラフォン神父と交代して、明治二十五年十二月にマリ゠クロード・ジャッケ神父が主任司祭に着任した。それ以来、ジャッケ神父は昭和二年四月二十九日に七十一歳で他界するまで三十四年のあいだ仙台の地にあって布教活動ばかりでなく教育福祉活動、社会奉仕、福祉活動に尽力し、人々からも「もんぺ」（仏語モンペール、神父の意）と呼ばれて深い敬愛を受けた。

ジャッケ神父は設立間もない旧制二高や仙台陸軍幼年学校でフランス語を教えた。大正十一年に東北帝国大学に法文学部が設置されると、フランス語とラテン語講師を委嘱されている。ジャッケ神父は請われて法文学部の教官のためにトーマス・アクイナスの『スンマ・テオロジエ』（神学大全）の講読会を開いている。英文学の小林惇雄教授はその深い学識に驚いたと回顧している。東北大学文学部の原点にジャッケ神父がいると言って過言ではない。順蔵も仙台を去るまで、ジャッケ神父についてフランス語の勉強を続けていた。

明治政府は本質的に反キリスト教的であり、キリスト教の宣教師の行動には厳しい監視の目を光らせていた。にもかかわらずカトリックの宣教師を国立学校のフランス語の教師として採用したのには理由があった。それはフランス人の宣教師たちは布教と普通教育を厳格に区別し、学校教育にキリスト教を持ち込むことを決してしなかったからである。教師としての学生に対する優越的立場を利用してキリスト教を教えようとはしない。そこには宗教と普通教育を峻別するフランス的伝統が見てとれる。東京大学のフランス語教育がエミール・エック神父によって始められたのと同様、東北大学においてもフランス語教育がジャッケ神父によって始められている。

21　シャルトルの聖パウロ修道女会の施療院と順蔵

国の諸制度が整備され、政治・経済・社会・教育・文化のあらゆる面で大きく変貌を遂げていった。それに伴い国民の意識も大きく変化していく。こうした社会的変化、市民意識の変化は、カトリック教会にとっては布教環境の変化を意味する。

例えば近代的な学制が整備されていく中で、かつてのような「塾」では対応できない。新しい学制に準拠した本格的な学校の設立が望まれる。またかつてヨーロッパにおいて教会がその担い手であった病院、施療院、孤児院などを設立する必要も求められた。そこでカトリック教会では教育・社会福祉関係の事業を行なうためにフランスの女子修道会に来日を依頼した。初めて来日したのはシャルトル聖パウロ修道女会（Congrégation des Soeurs de Saint-Paul de Chartres）であった。一八七八（明治十一）年五月二十八日に三人の同会修道女（マリ・オーギュスト修道女、マリ・オネズィム修道女、カロリーヌ修道女）が箱館に上陸し、施療院、孤児院、女学校（白百合学園の前身）を設立する。

仙台での活動は一八九二（明治二十五）年にはじまる。四人の修道女たちが東京から来て、私立仙台女学校（仙台白百合学園の前身）を開校。その翌年、施療院を創設し、看護婦資格のウーフロジーヌ修道女が活動を始める。施療院（dispennsaire）というのは無償で生活困難者の看護治療を行なうカトリック教会の施設であり、原則的に医師はおらず、入院設備をもたず、その担い手は看護婦の修道女であった。

ウーフロジーヌ修道女は多年の経験から病人の症状を正しく把握し適切な処置を施したので、たちまち患者が集まった。これは日本人医師の医業を脅かしかねない。医師会はウーフロジーヌ修道女の医師免許の確認を要求。県は日本人医師の名義を借りる苦肉の策を提案する。ジャッケ神父の仲立ちを受け、順蔵はこれに応じ、様々な援助と協力を惜しまなかった。この問題はやがて一八九九（明治三十二）年、愛知県警部から赴任してきた宮城県警部長竹内《たけのうち》寿貞《じゅてい》によって解決を見る。竹内寿貞は戊辰戦争後一年間獄につながれ、釈放されたのちマラン塾・東京ラテン学校で洗礼を受け、多摩地方の宣教に力があった人である。

22　東京に永住、『処世之誤　一名　誡世痴談』出版

一八九九（明治三十二）年の十一月待望の男児が生まれた。順蔵は五十二歳であった。一九〇六（明治三十九）年四月、順蔵は一家挙げて東京に転居した。学齢に達した長男三郎を暁星小学校に入学させ、カトリックの教育を施し同時にフランス語を学ばせるためであった。東京では下谷区入谷町五番地に居を構え王子病院長を勤めた。暁星学校は一八九〇（明治二十三）年に小学校、一八九九（明治三十二）年に中学校が設立認可を受けており、すでに小中を通じてフランス語を教授する態勢が整っていた。

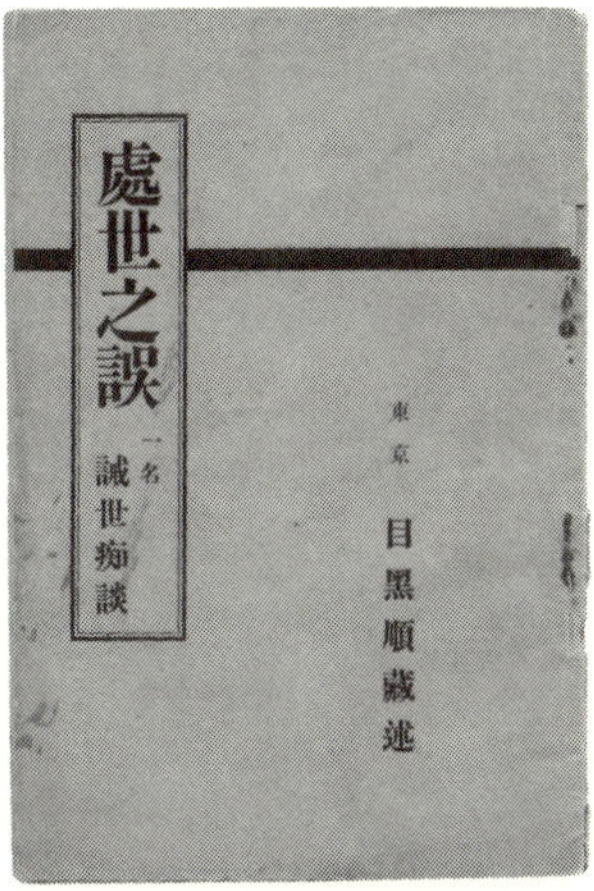

『処世之誤　一名　誡世痴談』1914年

一九一四（大正三）年、順蔵は『処世之誤　一名　誡世痴談』と題する小著を公判した（一八九頁）。この一書において「自ら処世の道を誤りたる始末を陳ずる」とともに、社会にはびこる「不正罪悪を一々把羅剔抉《はらてっけつ》して以て筆誅《ひっちゅう》を加へ」るとして華族、将校、官吏、実業家、国会議員、宗教家に至るまでその悪徳を厳しく糾弾している。本書には明治四十三年十月九日付で大槻文

彦が序文を寄せている。また一方、田中正造の古河鉱業傘下の足尾銅山鉱毒反対運動に深く共鳴し、医師として大資本の人命軽視を厳しく批判してやまなかった。ために順蔵は、マラン塾の同学であった宰相原敬とも袂を分かった。原敬は一九〇五年、古河鉱業会社設立時に社員であった。

我国に於る古川・藤田・住友及び貝島等の富豪輩が鉱業を経営するに方《あたっ》て、鉱毒の植物に有害なるは科学上分明なる事にて渠等《かれら》は夙《つと》に之を熟知する所にも拘はらず、放任して亦顧みず。被害民の蜂起強請《きょうせい》するや、已《や》むを得ず僅かに鉱毒防禦の手段を施し一時を糊塗《こと》するのみなり。若《も》し被害民温和にして、強請せずんば、幾十百年を待《まつ》も敢て念慮《ねんりょ》せんとはせざるべし。是れ利益の為めには他人の生命を犠牲に供して憚《はばか》る所なき左証にあらずして何ぞや。

キリスト教についても、宣教師が個人の救済に尽力していることは認めつつも欧米列強の植民地支配に異を唱えないことを強く批判する。

借問す、渠等《かれら》は直覚派主義の学問を修め、天与の道徳を以て世界人類間に伝布すべきものと確信するにあらざるか。渠等《かれら》が博愛主義を宣伝し、只管《ひたすら》個人の救済に尽瘁《じんすい》するは左《さ》もあるべきなれど、個人の集合躰たる国家に対しては毫も救済するの意なく、却って滅亡を願望するが如きは如何。

欧州強大諸国の植民地政策を顧みて、キリスト教と宣教師の矛盾を鋭く糾弾している。「未開発国」は即座に占領し、「貧弱国」ならば、無法な圧力を加え横暴貪婪の限りを尽くす。「愛」を説く教え、博愛主義の教義を語りながら、実に「暴慢無礼の至なり」と断じている。キリスト教会が個人の魂の救済の枠を超えて国家の倫理を説くようになるにはさらに半世紀以上を要するが、順蔵のこの指摘は当時の欧米諸国の帝国主義に対する教会の態度に日本の一人のカトリック信者がすでに疑念を抱いて、公けに語っていたことを示したものとして興味深い。

目黒三郎は一九〇六（明治三十九）年四月、暁星小学校に入学、一九一七（大正七）年三月に暁星中学校を卒業し、東京外国語学校（現東京外国語大学）仏語部に入学する。まもなく父順蔵は死の床につき逝去、長男の責務が双肩に重くのしかかっていた。一九二〇（大正九）年三月、同学を首席卒業、四月小樽高等商業学校（現小樽商科大学）助教授として任官する。二十一歳で

目黒三郎。暁星中学校1年、明治44年

あった。
当時の学生に小林多喜二、高浜年尾、伊藤整などがいた。三年後に大阪外国語学校（現大阪大学外国語学部）教授に転じ、短期のフランス留学後、『仏蘭西廣文典』（白水社、一九二五）を上梓、さらに、一九二六（大正十五）年の日本放送協会（ＮＨＫ）の発足とともに始められた「フランス語ラジオ講座」で最初の講師をつとめた。

一九二八（昭和三）年から二度目の文部省在外研究員として渡仏、パリ大学音声学研究所でベルノー教授から音声学の指導を受けた。日本における生理学的音声学の理論と実際の嚆矢となる。

順蔵は一九一八（大正七）年九月二十八日、東京市本所区において長逝した。その五年後、東京を襲った関東大震災によって順蔵の家も遺品も灰燼に帰した。だが信仰だけは子孫に伝えた。かつて戊辰の戦いに敗れ、朝敵の汚名を着せられ、マラン神父の下に学んだ旧佐幕派青年たちの多くは、その教えを子孫に伝えた。それが宗教的ばかりでなく精神的に文化的に新たな地平を拓き、日本の近代化にもたらした貢献は計りしれない。

第二部

目黒順蔵遺文

目黒順蔵

【校註　目黒士門】

【凡例】

本書には一八六四（元治元）年から一八八四（明治十七）年に及ぶ目黒順蔵の遺文十一篇と『処世之誤一名　誡世痴談』（大正三年）を収めた。読みやすさを考慮して次のような整理を行なった。

一　新字体のある漢字は新字体に改めた。また現在では使用されない異字・略字（例えば、ヿ（事）・ゟ（より）など）は現用の漢字または平がなに改めた。

二　「遺文」の地の文の片かな表記は平がな表記に改めた。

三　「游塩浦記」「游松島記」は原文の漢文を旧かなづかいの読み下し文にした。

四　難語、難字と思われる文字と固有名詞（人名・地名など）には新かなづかいのルビを付した。

五　適宜、句読点を加えた。

六　送りがなは原文のままとしたが、読み違いがないように先行語にルビを付した。

七　濁音を表わすために原文にはない濁点を付した。

八　「したる」「したり」などを「すたる」「すたり」と表記する仙台訛りは原文のままとした。

九　文章の終わりに用いる助字「焉《えん》・矣《い》」は、これを読まないことを示すために丸かっこで囲んだ。

十　中国の古典から引用の漢文は読み下した文を丸かっこに入れて、その直後に示した。

勿来関《なこそのせき》を游覧する紀事

一八六四（元治元）年、十七歳の順蔵は父陽吉とともに勿来関および平潟へ遊覧旅行にでかけた。そのときの旅行記である。

関田駅《せきた》*1に投宿する翌日、霖雨《りんう》*2始《はじめ》て霽《は》る。余喜び早起、主婦を趣《うなが》して朝餐を喫し訖《おわ》るや直《ただち》に結束*3して途《みち》に上る。是日《このひ》や天気晴美。往《ゆ》く数里にして勿来関に到達すたりき。平沙《へいさ》*4数里、坦然《たんぜん》*5として砥《といし》の如し。左側は沿岸、蒼松*6簇生《そくせい》*7して穏波瀲灔《えんれん》*8たり。前に当《あたり》て峯巒《ほうらん》*9聳然《しょうぜん》*10、海を控へて起り斜《ななめ》に右方に向て連亘《れんせん》し遠く磐代《いわしろ》*11に迨《およ》ぶ。幾《ほと》んど鳥の翼羽を張る者の如し。地勢峻峭《しゅんしょう》*12にして自《おのずか》ら要害を成す。所謂《いわゆる》一夫剣《いっぷけん》を按《あん》ずれば万人進むを得ず*13と蓋《けだ》し是なり。漸く進て阪路を躋《のぼ》れば道を夾《はさみ》て左右皆桜樹、更に進て山巓《さんてん》*14に達すれば眺矚《ちょうしょく》*15極て佳絶。北は則沙村《さそん》[*16]沼曠《ちょうこう》[*17]、人烟《じんえん》[*18]淡然[*19]として一帯画《え》の如し。東は則大瀛《たいえい》[*20]浩渺《こうびょう》[*21]として極目《きょくもく》[*22]際涯を見ず。杳《よう》[*23]に金華山[*24]を烟雲《えんうん》模糊《もこ》の間に点するのみ。又路《みち》を転じて西往[*25]十町[*26]許《ばかり》にして一大碑《ひ》碣《けつ》[*27]の桜樹の下に矗立《ちくりつ》[*28]するあり。碑表の前面は則著名なる八幡太郎[*29]の賽歌[*30]にして、而して背面は碩儒《せきじゅ》[*31]林春《りんしゅん》の撰文[*32]一章を鐫《せん》すたる者なり。再び復《ま》た前路に就て東往《とうおう》して本道に出《いで》て、更に山を下り谿《たに》に沿て左方に往《ゆ》く数町許《ばかり》、嶔然《きんぜん》[*33]として一山の路《みち》に横《よこたわ》る丶あり。余驚怪久之《これひさしゅう》し近《ちかづき》て之を見れば山腹に洞穴を穿《うが》ちて纔《わずか》に人を通す。斯《かく》の如き洞穴二所進て洞穴を過れば則廓然《かくぜん》[*34]として開朗[*35]なる一郷に到達すたりき。所謂平潟《いわゆるひらがた》港にして古来舩舶《せんぱく》の避難所を以て著名なりと云へり。廣袤《こうぼう》[*36]半里許《ばかり》峯巒《ほうらん》を以て之を環《めぐ》らし、宛《あたか》も沼池の大なる者に似たり。而して東南の一隅洞開して纔《わずか》に海洋に通ず。舩舶《せんぱく》の碇泊する者、大小十又余隻あり。市街は西北の海畔に枕《のぞ》み、旗亭《きてい》[*37]あり妓院《ぎいん》あり、酒舗《しゅほ》肉肆《にくし》[*38]、櫛比《しっぴ》[*39]相列し、軒頭《けんとう》[*40]板を海面に架して往来《おうらい》を作為し、亦一の奇境なりき。東北の海畔に当《あたり》て一大廈屋《かおく》[*41]の翼然[*42]として側《そばだ》つ者あり。土人[*43]之を称して御陣屋と云へり。往昔《おうせき》我藩に於て米穀を江都《こうと》[*44]に輸送するに当て風浪険悪なれば則此港に入りて避くと云ふ。而て衞陣屋《えいじんや》は其舩舶《せんぱく》を監視する公館にして、官吏を称して他所津方本〆《もとしめ》と云へりとぞ。父上曽《かつ》て職を奉じて御陣屋に居住し給へたるを追想して自ら旧懐の念に堪へざりき。故に瞻望《せんぼう》[*45]（焉）する久之《これひさし》ふして去る。

【註】

＊1　関田駅　勿来関近傍の宿駅。現在の福島県なこそ市関田。
＊2　霖雨　長雨。
＊3　結束　身支度。
＊4　平沙　平らな砂原。
＊5　坦然　広々した様子。
＊6　蒼松　蒼い松。
＊7　簇生　群がって生えること。
＊8　灎潋　水の動く様子。灎は灩の俗字。
＊9　峯巒　連なり重なっている山。
＊10　聳然　高くそびえている様子。
＊11　磐代　岩代。現在の福島県中央部および西部。
＊12　峻峭　山が険しいこと。
＊13　一夫剣を按ずれば万人進むを得ず　一人の男が剣に手を掛ければ万人の敵もこれを破り通ることはできない。守りやすく攻めにくい要害の地をいう。「一夫当関、万夫莫開」（一夫関に当たれば万夫も開くなし）と同じ。
＊14　山巓　山の頂き、山頂。
＊15　眺矚　遠くまで眺め見ること。眺め。
＊16　沙村　漁村。
＊17　迢曠　広く遠くまでつづいている様子。
＊18　人烟　人家から立ち上る炊煙。転じて人家も指す。
＊19　淡然　あっさりしている様子。
＊20　大瀛　大海。
＊21　浩渺　果てしなく広がっている様子。
＊22　極目　目の届くかぎり、見渡すかぎり。
＊23　杳に　かすかに、はるか遠くに。
＊24　金華山　宮城県牡鹿半島沖にある島山。古称陸奥山。山頂に大海祇《おおわだつみ》神社、山腹に黄金山神社がある。
＊25　西徃　西に向かって行くこと。
＊26　十町　町《ちょう》は尺貫法における長さの単位。六〇間《けん》（約一〇九メートル）が一町。したがって十町は約一〇九〇メートル。
＊27　碑碣　石碑、いしぶみ。形が四角のものを碑、丸いものを碣という。
＊28　矗立　まっすぐに立つこと。
＊29　八幡太郎　源義家（一〇四一～一一〇八）の異

名。頼義の長子。石清水八幡で元服したので八幡太郎と呼ばれる。勇武に優れ、とくに騎射に秀で、和歌にも長じていた。
＊30 賽歌 社寺に参詣して捧げる歌。
＊31 碩儒 深く学問をきわめた人。碩学。
＊32 撰文 碑文・序文などの文章を頼まれて作ること、また、その文章。
＊33 嶔然 険しくそびえる様子。
＊34 廓然 広々として大きな様子。
＊35 開朗 広く朗らかな様子。
＊36 廣袤 廣は東西、袤は南北の距離をいう。
＊37 旗亭 料理店。酒楼。門前に旗を出して標識としたことに由来する。
＊38 肉肆 鳥獣の肉を売る店。
＊39 櫛比 櫛の歯のように立ち並んでいること。
＊40 軒頭 軒先、のきば。家の前。
＊41 廈屋 大きな家。
＊42 翼然 鳥の翼を張ったような様子。
＊43 土人 その土地の住民。未開・野蛮の意味はない。
＊44 江都 江戸の別名。
＊45 瞻望 遥かに仰ぎ見る。

游塩浦記

一八六六（慶応二）年四月、順蔵は二人の友人とともに塩浦（塩竈）へ遊覧旅行にでかけた。仙台からの徒歩旅行である。当時の塩竈の街の様子を華麗な文章でいきいきと描いている。

我封内《わがほうない》＊1は名区＊2最多を為《な》すなり。然て躑躅岡《つつじがおか》、宮城野、愛宕山の勢阜《せいふ》＊3は則余の屢《しばしば》游《あそ》ぶ所にして翫《がん》に足らず。塩浦松島は則天下の絶勝なり。是故に余は偸閑《とうかん》＊4を以て之を探らんと欲す。今茲《ここ》に丙寅《へいいん》＊5四月十五日、偶《たまたま》余暇を得て、以て両友と侶《つれだち》て而て塩浦に游ぶ。門を出て路を東北に取り五六里行く。小鶴池、野田、玉川を歴観し紀橋の諸勝を渡る。此日天気晴朗なり。風埃を作らず。新秧《しんおう》＊6青々、紅霞《こうか》淡々、緑野千里天に接し奇観を為す。首《こうべ》を回《めぐ》して之を翫《め》づ。

稍《やや》前比丘尼坂《びくにざか》を経て三里許《ばかり》行くや、乃《すなわ》ち塩浦に抵《いた》る。邑《むら》極て大なり。街衢《がいく》＊7端正、道路洞通＊8、肆廛《してん》＊9壮麗、四民＊10輻湊《ふくそう》＊11、游人＊11往来《おうらい》、紛錯《ふんさく》＊12不絶なり。南に向ふと塩竈祠有り。其山聳然《しょうぜん》として高所数百仭《じん》＊13に特立＊14す。樹木森蔚《しんい》＊15なり。稍《やや》前に則石の華表＊16有り。北に行き磴々《とうとう》＊17甚だ穹窿《きゅうりゅう》＊18なるを登る。已《すで》に数百級＊19を登る。両友漸く疲れ、登るを以て瑟縮《しつしゅく》＊20す。此日已《すで》に午《うま》＊21近く暑気蒸すが如し。渙然＊22と汗出づ。已《すで》に山頂に至り随身門＊23に入り、塩竈祠に謁《まみ》ゆ。其祠左右両宮有り。結構＊24壮麗閎燿《こうよう》＊25、廊廡《ろうぶ》＊26四繚《しりょう》＊27、金碧《きんへき》＊28熒煌《けいこう》＊29、照人穆々《ぼくぼく》＊30、畏敬すべし。左右則銅塔及び石塔累々《るいるい》たり。相列《つらな》り数ふに勝《た》ふべからず。庭則小石を磊々《らいらい》＊31と鋪《し》き、碁門石を錯《まじ》へて若《し》き置く。鉄塔有り。文治中泉三郎＊32所奉なり。欵《かん》＊33有り、字を識《しる》すに細く文長し。磨滅して読み難し。東に少し折れ数百歩許《ばかり》下る。法蓮寺に至る。堂に上り眸《ひとみ》を縦《はな》てば南則市舗《しほ》＊34井々《せいせい》＊35、櫛比《せっぴ》＊36相列《つらな》り参差魚鱗の如し。東則海水浩渺《こうびょう》＊37、白波青巒《せいらん》＊38、舩舫《せんぼう》＊39山の如し。嗟乎《ああ》奇《めずらしきかな》哉。使人応接に暇《いとま》あらず。又少し下りて市中に出づ。橋を過ぎ而て南に折れ数十歩許《ばかり》、街中に小祠有り。側に古釜四を置く。祝奴《はふりど》＊40来て語て曰く、此往古《おうこ》明神所にして塩を煮る物なり。釜中、之水大旱《たいかん》＊41なれど涸《か》れず。眼疾に甚だ妙《たえ》なり。皆眼を洗ふ。余笑て曰く、無患の目、何を以て其の霊を試さん乎《や》。乃《すなわ》ち茶肆《ちゃし》＊42に就き登楼、喫餐、休憩す。久之《これひさしふ》して乃《すなわ》ち去る。

【註】

＊1　封内　領地の内。ここでは仙台藩の領内。
＊2　名区　風光明媚な場所。
＊3　勢阜　評判の丘。
＊4　偸閑　暇を見つけること。
＊5　丙寅　慶応二年。
＊6　新秧　新しく植えられた稲の苗。
＊7　街衢　ちまた。町の中の賑やかな所。
＊8　洞通　抜け通ること。
＊9　肆廛　商店、店。
＊10　四民　士・農・工・商の四つの階級。
＊11　輻湊　輻輳と同じ。四方から集まること。車輻（くるまの矢）のように四方から中央に集まること。
＊11　游人　旅人、旅行者。
＊12　紛錯　入り混じる、入り乱れること。
＊13　数百仞　仞は高さや深さを測るのに用いた尺度。八尺の長さ。
＊14　特立　すぐれて目立つこと。
＊15　森蔚　深く繁ること。
＊16　華表　神社の鳥居。
＊17　磴々　石段。
＊18　穹窿　高く弓のように曲がる様子。
＊19　数百級　級は階段の段。
＊20　瑟縮　縮まること。
＊21　午　真昼、正午。
＊22　渙然　水の盛んに出る様子。
＊23　随身門　神社で左右に兵杖を持った像を安置した門。この二神は豊磐間戸命《とよいわまとのみこと》と奇磐間戸命《くしいわまとのみこと》であるという。俗に矢大臣、左大臣という。
＊24　結構　建物の作り、構え。
＊25　閎燿　広くて照り輝く。
＊26　廊廡　廊は廊下。廡はひさし。寝殿造りで母屋のまわりの細長い部屋をいう。
＊27　四繚　四方を巡る。
＊28　金碧　金色と青色。
＊29　熒煌　きらきら光り輝く。
＊30　穆々　言葉も容姿も美しくりっぱな様子。
＊31　磊々　たくさんの石が積み重なる様子。
＊32　中泉三郎　中泉三郎忠衡か。
＊33　欵　款が正字。款刻、すなわち石などに文字を

刻みこんだもの。
＊34 市舗 市中の店、商店。
＊35 井々 秩序正しくつづく様子。
＊36 櫛比 櫛の歯のように立ち並んでいること。参差並びつづく様子。
＊37 浩渺 広く果てしない様子。

＊38 青巒 青々した山。
＊39 船舫 船。
＊40 祝奴 祝人と同じ。神主、神官。
＊41 大旱 大ひでり。
＊42 茶肆 茶屋。

游松島記

せっかく塩竈まで来たのだから天下の絶勝松島も見ていこうということになり塩竈から舟を雇い松島見物をする。松島海岸、瑞巌寺、五大堂などを巡り、さらには富山を訪ねる。険しい山道を苦労して登った富山からの松島湾の眺望は、まさに天下の絶勝であった。

即日乃《すなわ》ち両友と議《はか》りて曰《いわ》く、松島則天下の絶勝なり。而て屡《しばしば》来游不可なり。何の為此に舎《やど》るや。是に於て以て之を探らんと欲す。乃《すなわ》ち東に向て寺崎に至り、埠頭を歩て舟を僦《やと》ひ上る。舟師二人欖《ともづな》を解き之を張る。冉々《ぜんぜん》*1 空中を行くが如し。左右青巒《せいらん》*2 湾曲江《かわ》の如し。所謂《いわゆる》千賀浦是なり。初《はじめ》は篙《さお》、後は櫂《かい》なり。舟揺々として軽く颺《あが》り、風飄々《ひょうひょう》衣を吹きて復《かえ》らず。此身の塵世《じんせい》に在るを知るや。舟師艫《とも》に在り一島毎《ごと》に指点して曰く、彼《か》の屏風《びょうぶ》の如きは畳崎《たたみざき》、左の大なるは籬島《かきじま》を為す。右則裸島。小なれど落帽の如きは帽子島を為す。彼甲《かぶと》なり、冑《よろい》なり。此伊勢なり、小町なり。其余布袋《ほてい》を為し、弁天、毘沙門《びしゃもん》、大黒、夷《えびす》等を為す。皆形に因《よ》り命名す。惜しむらくは名の不雅なり。東の諸島は連接し一帯長堤の如し。時に清風来る。舟師欣然として帆を挂《か》く。傾走飛ぶが如し。左右景勝応接に遑《いとま》あらず。恍惚として洲崎に著《つ》く。塩浦より此に至るまで十三里。舟を下り客舎に就く。憩休久之《これひさし》ふし、乃《すなわ》ち老奴*3を倩《やと》ひ嚮導《きょうどう》*4と為す。瑞巌寺*5に遊ぶ。中門より進入し仏殿堂に升《のぼ》る。正南面嚴整にして翼燿《かがや》き文楣《ぶんび》*6藻《そう》栱《きょう》*7頗《すこぶ》る精麗を極む。乃《すなわ》ち老僧邀延《ようえん》*8し堂上を歴覧す。中間に我藩祖公像を安置す。障子丹青*9絢然《けんぜん》*10。刮眼《かつがん》*11雪舟*12及び狩野左京*13の筆なり。乃《すなわ》ち去り而て東に左折し二百歩行く。東岸に五大堂島*14の絶海に斗出《としゅつ》するあり。架橋に中《あた》り而て渡る。橋高は水より二丈許《ばかり》なり。結構異常*15、板狭く間豁《ひろ》し。梯子《はしご》の如し。下には則海水藍の如きを看《み》る。両友皆趦趄《ししょ》*16す。次に亦橋あり。橋を過ぎれば則五大堂岩頭に翼然たり。疎松《そしょう》*17数十株参差《さんさ》*18し水に臨《のぞみ》て藤蔓之を累《しば》る。凡《すべ》て根を岩石に託し海風苦困を為す所なり。屈曲偃蹇《えんけん》*19龍の如し蛇の如し。就中《なかんずく》此島の松、亭々綽々《しゃくしゃく》*20晩翠*21を含む。尤《はなは》だ奇観を為す。然り而て南雄島《おじま》に対し、東福浦島鼎足《ふくうらじまていそく》*22の如し。眺望の美冠は諸島なり。乃《すなわ》ち去りて南に行き我藩公渚宮を廻りたる後、天麟院《てんりんいん》*23前を経て園畔竹浦の東を過ぎ小松﨑を渉《わた》る。巌側の奇崖を歩く。曲折逶迤《いい》*24、橋を渡り雄島《おじま》に至る。海に架かれる橋は五大堂と此の島が凡《すべて》なり。相対し雌雄の如し。而て五大堂島則小なり。猶《なお》雌なり。独《ひと》り此島宛《あたか》も水中央に在り、形鳥の両翼を張るが如し。実に諸島の雄なり。此其所以《ゆえん》にて命名するや。四顧絶奇、絵画及ぶ能《あた》はず。殆ど擲筆《てきひつ》を欲す。傍に一小碣《しょうけつ》有り。面《おもて》に芭蕉朝夕の句を刻す。好事の徒《ともがら》の所為《しょい》なり。其文甚だ長し。其他、石仏、碑碣《ひけつ》、卒堵坡《そとば》の類《たぐい》累々たり。相列《つらな》り畳《たたま》り数ふに勝《と》ふべからず。中に南山《なんざん》老僧の詩あり。曰く、

天下有山水　（天下に山水有り）
各擅一方美　（各々一方の美をほしいままとす）
衆美帰松洲　（衆美を松洲に帰す）
天下無山水　（天下に山水無し）

眺観久之《これひさし》ふして乃《すなわ》ち去り、而て客舎《かくしゃ》に還る。此日已《すで》に黄昏《こうこん》なり。楼《たかどの》に上り欄《てすり》に憑《より》て眸《ひとみ》を放つ。須臾《しゅゆ》*25而て月東の洋《おき》に升《のぼ》る。月色皎潔《きょうけつ》*26、平海千里、水面瀲灧《えんれん》*27として玉の列《つらな》るが如し。金の流るが如し。嗚呼《ああ》奇哉《めずらしきかな》。五大堂島の橋虹の如し。月の磯見ゆ。雄島﨑蜿蜒《えんえん》*28、群島点々と櫛比《せっぴ》、波濤《はとう》の間に出づ。猶假山《かざん》*29の盆池《ぼんち》に対するが如し。景光昼間に勝る。坐《ざ》観立翫《かんりつがん》賞《ほ》むに

勝《と》ふべからず。已《すで》に深更に至り両友共寝息す。十六日早饔《そうよう》＊30、疇昔《ちゅうせき》＊31之、冨山《とみやま》に遊ばずを慊《うら》む。是に於て之を探らんと欲す。乃《すなわ》ち路を東に取る。山路甚だ仄険《そくけん》＊32なり。或は村、或は山、或は閭《さと》＊33、或は伍《ご》＊34、或は北に折れ、或は東に転《めぐ》る。盤紆《ばんう》＊35陟降《ちょくこう》＊36、歩行良苦《りょうく》＊37なり。已《すで》に五六里許《ばかり》行き冨山に至る。之を望むに蔚然《いぜん》＊38而て深秀＊39たり。喬木《きょうぼく》＊40幽邃《ゆうすい》＊41、異禽《いきん》＊42嚶々《おうおう》＊43、両友共に山に登るも曲径＊44崎嶇《きく》＊45殆ど登る能はずなり。是を以て各所にて木を杖と為し漸く進み山頂に至る。土地平濶《へいかつ》、方《ほう》＊46数百歩許《ばか》り。古寺あり。余乃《すなわ》ち厨《くりや》＊47に入り観景を請《こ》ふ。僧出邀《でむか》へ而て余を闥外《たつがい》＊48に立たしむ。闥《たつ》の楣榜《びぼう》＊49に大篆《だいてん》＊50二字を仰ぐ。即ち寺号なり。小焉《しょうえん》＊51彼《か》の僧、内より扉を排《ひら》く。乃《すなわ》ち延《ひき》て禅堂に升《のぼ》り慇懃《いんぎん》に余輩を遇《もてな》す。或は香茗《こうめい》＊52を以て侑《すす》む＊53。是に於て両友各《おのおの》踞《うずくま》り一望す。爽快豁然《かつぜん》＊54千里を窮《きわ》め眼前に諸島を目《み》る。坐して摘《ひろ》ふも可なり。大者、小者、円者、墜者、尖者＊55。偧者《ししゃ》あり、弇者《えんしゃ》あり、曲者あり、匾者《へんしゃ》あり＊56。人立ち獣走り、龍蟠《わだかま》り虎踞《うずくま》り、亀曝《あば》れ鯨出《い》づ。倒る如し、傾く如し、仰ぐ如し、俯《ふ》す如し。千状万態、点々と椰榔《びんろう》＊57並び幾千万あるを謂《い》ふを知らず。沙鳥《さちょう》＊58出没し布帆《ふはん》＊59往来《おうらい》す。昨日舟中より見し所と未だ見るに及ばざる者、眉睫《びしょう》＊60に畢《ことごと》く集る。西則ち青山緑樹森邃《しんすい》＊61なり。霞烟《けむ》り彩紅《いろどりあか》し。東則ち大洋瀁々《ようよう》＊62なり蒼々《そうそう》なり。碧空と共に一色をなし宛《あたか》も画図の如し。嗚呼《ああ》奇《めずらしき》かな。人を使ひて名状すべくなし。両友掌《たなごころ》を抵《うち》て嘆じて曰く、是天下の絶勝なり、瀟湘《しょうしょう》の景＊63に恐らく及ぶ能はずと雖も、余亦茫々然として心酔し吾以て吾を喪《うしな》ふなり。顧《かえりみ》て楽の甚だしき殆ど去る能はず。両友曰く、楽必ず詩あり。各《おのおの》賦《ふ》一つを遂《なし》て絶《や》む。余是の次第に於て游覧の所経、其大略を記す。

【註】
＊1　冉々　進みゆく様子。
＊2　青巒　青々した山。
＊3　老奴　年配の男。
＊4　嚮導　道案内。
＊5　瑞巌寺　宮城県松島にある臨済宗の寺。国宝。山号は青龍山。伊達正宗の菩提寺。八三八年円仁の創建。本堂・御成門は桃山時代のもの。
＊6　文楣　美しい色や模様の軒《のき》。
＊7　藻栱　模様を描いた枡形《ますがた》。枡形は柱などの上部につけられる四角い木。
＊8　邀延　迎え入れる。
＊9　丹青　赤い色と青い色。彩色画をいう。
＊10　絢然　きらびやかな様子。
＊11　刮眼　活眼と同じ。鋭く物事を見通す目、また、その持ち主。
＊12　雪舟　（一四二〇～一五〇六）室町後期の画僧。備中の人。相国寺で春林周藤について参禅、画を周文に学ぶ。一四六八年、遣明船で明に渡り水墨画を学んだ。宋・元・明の水墨画様式を個性化し、また花鳥装飾画にも長じた。
＊13　狩野左京　（一五八一～一六五八）本名佐久間左京。江戸前期の狩野派の画家。尾張の人。伊達正宗に認められ仙台藩のお抱え絵師となり、禄二五〇石を

賜る。仙台城本丸、大崎八幡神社、松島円福寺などの障壁画を手掛ける。瑞巌寺方丈の障壁画は代表作。仙台若林に歿す。仙台新坂通荘厳寺に葬る。

＊14　**五大堂**　瑞巌寺に所属する仏堂。松島海岸の小島にあり、海岸とは橋で結ばれている。八〇七（大同二）年、坂上田村麻呂が毘沙門堂を建立したのが始まりという。現在の堂は一六〇四（慶長九）年、伊達正宗が再建したもので、東北地方最古の桃山建築と言われている。

＊15　**結構**　建物の作り、構え。

＊16　**趑趄**　行き悩むこと、よちよちすること。

＊17　**疎松**　まばらに生えている松の木。

＊18　**参差**　不揃いな様子。大小・高低さまざまなこと。

＊19　**偃蹇**　偃は伏す、蹇は曲がる。樹木の根が曲がりくねって地面に這っている様子。

＊20　**亭々綽々**　亭々は高く聳えたつ様子。綽々はゆったりした様子。

＊21　**晩翠**　冬枯れのときも木々の緑が変わらないこと。

＊22　**鼎足**　鼎の脚。鼎の脚のように三方に対立していることをいう。

＊23　**天麟院**　伊達政宗と正室愛姫《めごひめ》のあいだに生まれたただ一人の娘五郎八《いろは》姫を弔った寺。陽徳院、円通院とともに松島の三霊廟。

＊24　**逶迆**　連なりつづくこと。

＊25　**須臾**　わずかの時間。しばらく、たちまち。

＊26　**皎潔**　白く清らか。

＊27　**灩瀲**　さざ波が光り輝く様子。

＊28　**蜿蜒**　うねうねと長くつづく様子。

＊29　**假山**　築山。

＊30　**早饔**　早い朝食。

＊31　**曩昔**　前日。

＊32　**仄険**　傾斜して険しい。

＊33　**閭**　里と同じ。

＊34　**伍**　五軒の家を一組とした集落。

＊35　**盤紆**　道がぐるぐると巡りまわる。曲折が多いこと。

＊36　**陟降**　登ったり降りたりすること。

＊37　**良苦**　一通りならず苦しむこと。

＊38　蔚然　草木の茂っている様子。「望之蔚然而深秀者」（欧陽修）。
＊39　深秀　非常にすばらしい。とくに秀でている。
＊40　喬木　高い木。
＊41　幽邃　奥深くもの静かなこと。
＊42　異禽　珍しい鳥。
＊43　嚶々　鳥と鳥とが鳴き合うこと。「鳥鳴嚶嚶」（『詩経』）。
＊44　曲径　曲がった小道。
＊45　崎嶇　坂道の険しいこと。
＊46　方　四辺、東西南北。
＊47　厨　料理場、炊事場。
＊48　闉外　門の外。闉は門または門扉。
＊49　楣榜　門の軒下の掛札。
＊50　大篆　篆は篆字、篆書。隷書楷書の祖となるもの。大小二種あり。大篆は周の宣王の太史籀《ちゅう》が作り、小篆は秦の李斯《りし》が作ったという。
＊51　小焉　しばらくして。
＊52　香茗　香りの高い茶。
＊53　侑む　飲食を勧めるの意。本来は貴人に持してお相伴《しょうばん》するの意。
＊54　豁然　広々した様子。
＊55　大者、小者、円者、墜者、尖者　それぞれ、大きな島、小さな島、丸い島、崩れた島、尖った島をいう。
＊56　侈者、弇者、曲者、匾者　それぞれ、広い島、奥深い島、曲がった島、平らな島をいう。
＊57　椰　檳榔子《びんろうじ》をいう。熱帯性の常緑高木。幹は椰《や》子《し》に似る。
＊58　沙鳥　沙鷗《しゃおう》と同じ。砂浜に飛ぶカモメ。
＊59　布帆　布製の帆。帆掛け船をいう。
＊60　眉睫　眉毛とまつげ。目をいう。
＊61　森邃　樹木が茂り物静かなこと。幽邃と同じ。
＊62　瀁々　水の動く様子。
＊63　瀟湘の景　瀟湘八景をいう。中国洞庭湖の西に瀟水・湘水の二川があり、その辺りの八つの勝景をいう。すなわち江天の暮雪、瀟湘の夜雨、山市の晴嵐、遠浦の帰帆、煙寺の晩鐘、平沙の落雁、漁村の夕照、洞庭の秋月。わが国の八景はすべてこれに倣ったものである。

戊辰の役兵士となりて白河方面へ派遣せられたる紀事

一八六八（慶応四）年、戊辰の戦火は東北に及ぶ。二十一歳の順蔵は徴集されて戦場に赴く。薩長軍の新式の装備の前に東北諸藩は敗退を重ね、九月十五日仙台藩は降伏。順蔵のもとにも軍隊解散の命令が届き十八日、仙台東七番丁の実家に戻る。磐城方面に出陣した兄行蔵は瀕死の重傷を負って、順蔵よりも十日ほど早く仙台に戻っていた。

明治戊辰我藩兵を挙《あげ》て官軍と交戦すたる所以《ゆえん》は、是より先き我藩に於ては会津を一手に討伐すべき詔勅を蒙りたるを以て大に兵を徴すたるに、適《たまたま》会津は我に依て降を朝廷に乞ふに至りき。故に我藩は為めに鎮撫使九條公に奏状を呈すたるにも拘はらず参謀世良修藏《せらしゅうぞう》なる者之を阻止するのみならず、荐《しきり》に討伐を趣《うなが》すを以て、我藩其専横なる処業を悪《にく》み、之を斬殺《ざんさつ》すたりき。而して奥羽の諸藩を糾号し以て兵を新発田及び白河岩城等の各方面へ派遣し大に官軍に抵抗すたる者なりと。

余は一番組の藩士なるを以て首《はじめ》として徴集せられて兵士となり、大番頭《おおばんがしら》大松澤掃部之輔《おおまつざわかもんのすけ》*1の麾下《きか》に属し、以て石筵《いしむろ》及び白河方面へと赴きたり。時に明治元年五月二十五日にして、大松澤牙営*2を須賀川に設るに当て余の小隊は隊長小栗大三郎《おぐりだいさぶろう》*3に随《したがい》て進て小田川に次《じ》す。五月二十六日昧爽《まいそう》*4我小隊始め諸部隊、会津藩の部隊を合したる大兵を以て白河を攻撃すたりき。大小砲を発し声山谷に震ふ。此時、余の小隊は細谷組の隊五十余名と聯合*5して愛宕山に到れり。盖《けだ》し愛宕山は白河以北の高山にして最も市城に近しと云ふ。開戦卯《う》*6より未《ひつじ》*7に迨《およ》ぶ利なく、既に数多の死傷者を出すたりき。適《たまたま》我が本隊の守線たる根田、泉田等の二部落倶《とも》に兵《へい》燹《せん》*8に罹り炯焔《けいえん》*9天を焦すを以て衆相顧て駭《おどろ》く。盖《けだ》し官軍の為め帰路を遮断せられたるを以てなり。乃《すなわ》ち倉皇《そうこう》*10戦を罷《や》め足に任せて遁走すたりき。山を降れば谿《たに》あり、谿を渉れば復《ま》た山と谿とあり、寖《ようや》くにして田野に出でたり。一川あり。田野を横断して東流す。甚だ濶《ひろ》からずと雖ども雨後河水暴張《ぼうちょう》、奔流箭《や》よりも疾《はや》し。衆皆流《ながれ》を乱りて走る。更に復《ま》た田上を渉る。淖《どう》泥《でい》*11深くして勢《いきおい》亦奔馳《ほんち》*12する能はず。半身田中に没して蠢蠕《しゅんじゅ》*13として動き得ざる者も亦多かりき。此時蚤《はや》くも官軍追躡《ついしょう》*14し来りて我守線を奪ひ之に拠り三面挟撃し弾丸雨注し、丸《たま》に中《あた》り斃《たお》るゝ者もあれば虜《とりこ》となりて斬《き》らるゝ者もあり。慌忙《こうぼう》急遽相顧《あいかえり》み相拯《あいすく》ふ能はざりき。肇《はじ》め余の小隊は四十名、此一戦に於て戦歿する者二十三名、余も亦幾《ほと》んど免れず、辛楚困頓を極め九死に一生を得て還り来る者纔《わずか》に十又七名なり。

其二

同年七月一日官軍大挙来攻するに遇《あ》ふ。我軍の諸部隊之を七曲に邀撃《ようげき》*15して終《つい》に大勝を得たりき。時に余が小隊の甲田某なる者突進して敵将を斫《き》り首級一を挙げたり。尋《つぎ》て同月八日、我軍の諸部隊は会津藩の大部隊と倶《とも》に力を戮《あわ》せて白河を夜襲せんと図れり。時に余の小隊は矢吹《やぶき》駅の南端より左折して山間の里道を進みたりき。此日、天気曇暗にして油雲墨の如し。往《ゆ》く未だ里許*16ならず雨涔々《しんしん》として至る。既にして日も亦没す。闇黒にして咫尺《しせき》*17を弁ずる能はず。加之《しかのみ》ならず降雨の為め道路潰崩《かいほう》、行歩頗る困難にして動《やや》もすれば自ら顚仆《てんとう》する者ありき。夜既に参中半寝《ようやく》にして平野に出づ。四顧《しこ》*18廣濶《こうかつ》にして逈《はるか》に燈火を樹蔭に認め、衆村落に近きたるを知り人々勇を鼓して進み、而して将《まさ》に村落に入らんとする刹那、轟然として一発大礮《たいほう》を発する者あり。続て小銃を連発すたり。蓋《けだ》し官軍我兵の来襲を諜して予め守備すたる者なりき。我兵不意に出るを以て錯愕《さくがく》*19幾《ほと》んど将《まさ》に潰走《かいそう》せんとすたりき。隊長之を制止して遏《とど》め徐《おもむろ》に退て右側なる丘阜《きゅうふ》に拠り以て動静を候《うかが》ひたり。而して敵も亦来らず。雨も亦稍《やや》霽《は》る。時に終霄《しゅうしょう》[20]降雨の暴露[21]する所となり衣帽皆湿沾《しってん》[22]して寒冷に堪へざるを以て、人々相議し樹枝を採取して燃燎《ねんりょう》し就て煖を取る。面貌蒼白火影《ほかげ》より相見て互に失笑すたりき。小焉[23]にして天全く曙《あ》けたるを以て道を転じて西往二里許《ばかり》泉田の我本隊に合すたり。蓋《けだ》し白河夜襲の計齟齬《そご》すたるを以てなり。会《たまたま》官軍大挙攻め来る。我軍之を防ぐ利あらず。官軍兵を縦《はなち》て我小田川の営に次すたるを以て我軍終《つい》に大に敗る。此時余の小隊尚ほ泉田にありて接戦久之《これひさし》ふし、死傷者も亦多く勢《いきおい》亦支ふべからざるを以て隊長等八人と倶《とも》に路を灌莽《かんもう》[24]中に取り遁《に》ぐ。蓋《けだ》し本道は既に官軍の為め帰路を遮断せられたるを以てなり。山沢を踰《こ》へ陵谷を渉り、途中復《ま》た降雨に遇《あ》ふ。往《ゆ》く十許里[25]にして山間の一小村落に達すたり。時に糧食を断つ一昼夜衆皆餓《が》困《こん》を極めたるを以て、土人に資《もと》を投じて炊爨《すいさん》せしめて以て喫（焉）すたり。復《ま》た同村を発して往《ゆ》く数里亥牌[26]に迨《および》て寝《ようや》く須賀川の牙営に還るを得たりき。翌日余の小隊復《ま》た進て矢吹《やぶき》駅に赴き次す。是より先き我軍の磐城方面に派遣する諸部隊数《しばしば》官軍と交戦利あらず。棚倉及び平泉等の諸城砦《じょうさい》皆官軍の陥《おとしい》る所となり、三春相馬の二藩は同盟に反して官軍に応じ、官軍勝に乗じて兵を分て西方二本松城を略取するに至る。故に我軍の白河方面に屯《たむろ》する諸部隊、兵を分て之を二本松城に邀戦《ようせん》[27]して亦大に敗る。此に於てや我一番組の隊を首《はじめ》とし其他の部隊、南北敵を受け幾《ほと》んど尚ほ物の嚢中《のうちゅう》*28にある者の如し。故に急に兵を収めて退きたりき。時に余の小隊は尚ほ矢吹駅にあり官軍の追撃を量《はか》り、夜に乗じて火を市街に縦《はなち》て退く。北行里許にして郡山駅に至て天漸く曙《あ》けたり。更に路を転じて右折し田中の里道を取り、迂紆《うじょ》*29十又八里石筵《いしむろ》の険を踰《こ》へて会津藩の屯営に投すたりき。翌日昧爽蓐食《まいそうじょくしょく》*30して石筵を発し北行八里許《ばかり》、同国の東境を経て土湯に出て更に復《ま》た進て桑折《こおり》に達すたり。此に於て大松澤更に牙営を設け戍《じゅ》*31を要衝に置き以て守備すたりき。時に余の小隊は進て瀬の上に至り次す。此時に当て奥羽諸藩の聯合全く破れ、皆同盟に睽《そむき》て官軍に降る者多く、会津藩孤立、若松城囲《かこみ》を受る既に数十日、旦夕《たんせき》*32にして将《まさ》に陥らんとする有様なり。而して我軍の諸部隊も亦駒ヶ嶺の国境に於て連《しき》りに接戦すと雖ども毫も利なく、此に於てや我一番組の隊を始め諸部隊、皆其守備を撤し兵を収て北す*33。余の小隊も亦瀬の上を退て岩沼に還り屯《たむろ》す。久之《これひさし》ふし既にして藩主降を官軍に納《い》れたるを以て終《つい》に軍隊解散の命に接すたり。此を以て同隊の親昵《しんじつ》*34なる者十許人と倶に岩沼を発して仙台に帰るを得。而て将《まさ》に家に入らんとするや伯兄*35余を認め、卒然*36声を放つて汝未だ死せざるや喚《さけ》びたり。蓋《けだ》し人士の戦争に赴く、素《もとより》と死を期し生を期せざるを以てなり。然るに余の無事にして帰り来るを目す。驚喜の極《きわみ》、覚へず口を銜て発声するものならん歟《や》。余も亦、伯兄が白布を以て全軀を纏絡《てんらく》し給ふ睹《み》、吃驚一語を発し得ざりき。

此時、母上余の声を聞き給ひ急遽室内より躍出して、兄に代て負傷当時の情況を詳陳し給へるを以て、始て余は其顚末を知り感慨と歓喜と交《こもごも》胸中に溢れ、実に言ふべからざる念に堪へざりき。小焉にして余は雀躍席に上て生命を全ふして帰り給ふを賀すたり。兄も亦欣然として余を邀《むか》ひ、懇話盡る期《ご》なく幾《ほと》んど夜半に迨《およ》びたりき。実に是明治元年九月十八日なり。

附言

明治元年、伯兄《はくけい》も亦兵士に任ぜられ磐城方面に赴き数《しばしば》官軍と接戦し給へり。大番頭冨田小五郎《とみだこごろう》*37、伯兄の勇材あるを認め衆中より擢《ぬきん》で、以て小隊の指揮官に登用すたりとぞ。後、駒ケ嶺の役に於ける激戦の際、我兵敵の優勢なるを睹《み》、之を畏れて逃走する者多し。兄之を慨《なげ》き叱咤、走る者を遏《とど》めんと欲すれども遏《とどむ》る能はず。終《つい》には全く逃走し竭《つ》き兄一人悄然《しょうぜん》として退き、将《まさ》に宮内飛彈《ひだん》*38館の塁《とりで》を渉りて帰営せんとするや、刹那一人の敵手塁上に露《あらわれ》れ卒然銃を操《とり》て頭顱《とうろ》*39を殴撃すける者あり。兄赫怒《かくど》*40直に刀を揮て一撃を加へんとするや、渠《かれ》も亦大に驚き狼狽の極《きわみ》、銃を棄て逃走すける。兄之を追躡《ついしょう》する数十歩にして将《まさ》に接邇《せつじ》*41せんとする刹那、更に二人の敵手露《あらわ》れ出て最初の敵と与《とも》に、倶《とも》に刀を揮て包囲撃殺せんとする者の如し。

此に於てや兄亦已《や》むを得ず三人を邀《むか》ひ格闘する多時*42なりき。此時、身躰漸く疲労を感じ来り、今は全く敵の毒刃に斃る丶者と決心すると同時に、曽《かつ》て修業する剣法の秘術を応用して以て勝敗を一時に決せんと欲す。乃《すなわ》ち身を斜《ななめ》にして稍《やや》挺進し一刀を左側に横《よこた》へて只管《ひたすら》敵手の動静を候《うかが》ひたりき。渠等《かれら》は前型の如く三人齊《ひと》しく刀を揮て三方より来るや、兄は急に跳躍して二間許《ばかり》突進し、以て中央なる敵手を一刀の下に斫《き》り、更に刀を返すや、即ち左側の敵手を斫《き》りたるを以て、遺《のこ》れる敵手は驚駭して何れの処にや逃竄《とうざん》*43すたりき。此に於てや今は一人の敵手もあらざれば稍《やや》安心すると与《とも》に、始て身の危険に逼《せま》るを悟り、倉皇《そうこう》塁《とりで》を踰《こ》へて我本営に帰り、直《ただち》に大番頭に謁して戦闘の始末を報告すると併せて身躰疲憊《ひばい》を極め首級を挙げ得ざるを遺憾とする意を陳すたりき。此時、大番頭は黙然として兄の負傷すたる状態を熟視、久之《これひさし》ふし大声喚《さけび》て曰く、貴下の躰貌《たいぼう》如何を省《かえり》みと、盖《けだ》し身躰非常に疲憊《ひばい》するを以て精神を鼓舞激勵する者の如し。此に於てや兄、始て我に回り意を復《かえ》すると与《とも》に俄に疲労の度を増し、殆んど将《まさ》に動作にも堪へざる思ひあり。加之《しかのみ》ならず頭顱《とうろ》の皮膚は破潰《はかい》して流血顔面に被《かぶ》るのみならず、其他、前額及び右肩、両手腕、右膝等、皆多少の創痍を負ふを以て、流血全身を染《そ》み実に無残の有様なりき。此の如き次第なるを以て大番頭は直《ただち》に部下に命じて手当を施さしめ、厚く保護を加へて仙台東七番街の邸に還送せられたると。是伯兄の親《した》しく余に陳し給ふ談話にして、是所謂《いわゆる》駒ヶ嶺国境の大激戦の際、伯兄は献身的動作を敢《あえ》て危難に遭へ万死に一生を得給へたる顚末にして、余の仙台に帰る十二日以前の事に罹《かか》ると云へりとぞ。

【註】

＊1　大松澤掃部之輔（一八三四〜一九一七）仙台藩士。黒川郡大松澤村領主。禄高六百石。諱は衡實。伊達慶邦公に仕へ大番頭に任じられる。戊辰の役では藩士三百人を率いて従軍。白河口軍事総督に任じられ戦功あり。役後ふたたび出仕せず剃髪得度。同村の真観寺にあってもっぱら戊辰殉難者の冥福を祈った。大正六年九月五日歿。真観寺に葬る。

＊2　牙営　本営。

＊3　小栗大三郎（生歿年不詳）仙台藩士。弓術家。とくに騎射に長じていた。明治九年六月、明治天皇仙台巡幸に際し、騎射を演じ天覧に供した。

＊4　昧爽　明け方、早朝。

＊5　細谷組　細谷十太夫（直英、一八四五〜一九〇七）が率いた衝撃隊。隊員はみな黒衣を着用したので鴉組とも呼ばれた。戦いでは神出鬼没、大刀をもって突撃を繰り返し、官軍に大いに恐れられた。三十余戦ことごとく勝利をおさめた。その戦功により十太夫は小姓頭に進み二百石を加増された。役後の明治五年、十太夫は開拓使権少主典に、明治十年には西南の役に従軍し陸軍少尉に任じられた。さらに明治二十七年、日清戦争では軍夫千人長となり戦功多大であった。のち僧となり林子平の菩提寺龍雲院（仙台市北八番丁）に住んだ。明治四十年五月六日歿。龍雲院に葬る。

＊6　卯　卯の刻。午前六時。

＊7　未　未の刻。午後二時。

＊8　兵燹　兵火。
＊9　炯焔　明るく燃えさかる炎。
＊10　倉皇　あたふたと、にわかに。
＊11　淖泥　ぬかるみ。
＊12　奔馳　駆け走る。
＊13　蠢蠕　虫がうごめく様子。
＊14　追躡　追跡。
＊15　邀撃　迎え撃つ。
＊16　里許　一里ばかり。
＊17　咫尺　咫は八寸、尺は十寸。咫尺はごく近い距離をいう。「咫尺不弁」は暗くて一寸先も見えないの意。
＊18　四顧　辺り近所。
＊19　錯愕　慌て惑う。
＊20　終宵　終夜。
＊21　暴露　風雨にさらされること。
＊22　湿沾　濡れること。
＊23　小焉にして　しばらくして、ややあって。
＊24　灌莽　草木の生い茂った場所。
＊25　十許里　十里ばかり。
＊26　亥牌　亥の刻、夜の十時。
＊27　邀戦　敵を待ちかまえて戦う。
＊28　嚢中　袋の中。
＊29　迂紆　遠回りをすること。
＊30　蓐食　朝早い食事。
＊31　戍　兵営。
＊32　旦夕　朝と夕。時間の差し迫った様子。
＊33　北す　逃げる。
＊34　親昵　親しみなじむ。
＊35　伯兄　長兄。
＊36　卒然　突然。
＊37　冨田小五郎　（一八三五～一八九二）仙台藩士。諱は實文。藩の一家であり桃生郡小野邑主。戊辰戦争に際し大番頭から参政となって軍事を統率し、各地を転戦した。遠藤文七郎、大松澤掃部之輔、鹽森左馬介とともに仙台藩の四天王と称された。明治二十五年七月二日歿。真福寺（仙台市土樋）に葬る。
＊38　宮内飛彈　（生歿年不詳）戊辰戦争当時の駒ヶ嶺城ノ城代。駒ヶ嶺城は戦国時代に相馬盛胤（一五二九～一六〇一）によって築かれ、のちに伊達氏が改修

した。所在地は福島県相馬郡新地町駒ヶ嶺字館。ＪＲ常磐線駒ヶ嶺駅の西方約一キロの丘陵に城址が残っている。一七一八（享保三）年に伊達一族の宮内主税が城代となり、以後、明治維新に至るまで宮内氏が城代であった。戊辰の役では仙台防衛の要衝の一つとして駒ヶ嶺城に本営が置かれた。戊辰八月七日、駒ヶ嶺口の戦いが始まり、八月十一日、官軍の火炎弾による総攻撃によって落城した。駒ヶ嶺の戦いは戊辰戦史に残る最激戦の一つに数えられている。

＊39　頭顱　頭。
＊40　赫怒　大いに怒ること。
＊41　接邇　接近。
＊42　多時　長い時間。
＊43　逃竄　逃げ隠れる。

義子を罷めたる紀事

戊辰戦争がおわり仙台に戻った順蔵は年末に養子として手戸家に入る。六二万石を誇った伊達藩も敗戦により石高は二八万石に減らされ、その結果、百石以下の藩士の給与は年額わずか八石となった。これでは生活は成り立たない。多くの藩士たちは生活に困窮した。順蔵は、義父が荒巻に買った荒蕪地を開墾して生計を助けることになったが、義父は順蔵の働きに満足しないのみならず、ややもすれば罵詈を浴びせた。前途の見えない中で順蔵は手戸家を脱出して実家に戻った。しかし実家も貧窮にあえいでいた。順蔵は家を出て土樋の木田八十吉の小舎に住み、石川という酒屋で米をついて僅かな給金をもらって生計を立てることになった。

明治二年一月、余手戸《てど》家＊1に於て新年を迎へたり。此時に当て余は官軍御取扱役を免ぜられ、義父も亦職を退き一家挙《あげ》て素餐《そさん》するを以て家道も亦随《したがい》て衰ひたりき。余や勢《いきおい》傍視する能はず、只管《ひたすら》米を舂《つ》き畑を鋤《すき》して以て生計を裨補《ひほ》すたり。一日《いちじつ》義父従容《しょうよう》として語て曰く、米を舂《つ》き畑を鋤《すき》するが如き賤業は家道維持の計にあらず。汝倖《さいわい》に漢学を修業せり。須《すべから》く能《よ》く評定所*2に就職して以て一家樹立の計を立つべしと。評定所は藩の法典を司どる役所なり。此に於てや余は復《ま》た御用望*3に従事するに至れり。時に管一《かんはじめ》*4なる者評定所の記録役を以て名望あり。故に首《はじめ》として其邸を訪《と》ひたりき。渠延見《かれえんけん》*5口を極めて余の行為を誹謗するを以て、余も亦屈せず。抗論久之《これひさし》ふし衣を払て還る。義父聞焉《これをきき》て甚だ懌《よろこ》ばずと雖ども亦如何とする能はざりき。既にして時勢変遷し亦御用望に従事する者なきを以て余も亦之を罷《や》めたりき。是より先き義父荒蕪の地を荒巻《あらまき》*6に購《か》へり。蓋《けだ》し開拓して以て生計を裨補《ひほ》せんと欲するなり。余は既に御用望を罷《や》めたるを以て日に荒巻に抵《いた》り、只管《ひたすら》荒蕪の開拓に従事すたり。而して帰路の際には束薪《そくしん》を擔《にな》へて以て還る。斯の如き労働を事とする幾《ほと》んど半歳の久しきに渉《わた》れり。然り而して義父は之を喜ばざるのみならず動《やや》もすれば悪詈《あくり》*7到らざる所なし。余憤恨《ふんこん》に堪へざるを以て義子を罷《や》めんと欲す。屢《しばしば》母上に観《まみえ》て其意を陳すたり。母上許《ゆる》(焉)さず。且つ諭すに忍耐するを以てす。余怏々《おうおう》*8として日を送る。一日《いちじつ》慨然として自ら謂《い》ふ。斯《かく》の如き艱難を忍び斯《かく》の如き辛楚《しんそ》に耐ゆるに於ては天下何ぞ一身を容る丶の地なからんや。今時に於て勉強一番以て樹立の計を立《たつ》るの勝るに如《し》かずと心爰《ここ》に一決して竊《ひそか》に時機の臻《いた》るを俟《ま》ったりき。時に高橋大之進*9なる者あり。一夕宴を開《ひらき》て義父を請招すける。義父大《おおい》に懌《よろこ》び義母と倶《とも》に赴《おもむ》（焉）きたり。是より先き義父酒酗《しゅく》*10の癖ありて酔《すい》を被むれば俄《にわか》に陰険の気を起して必ず罵詈《ばり》を事とせざるなし。今宵《こんしょう》も亦酔を被むり帰り来るに及ては亦必ず平素の如く悪詈《あくり》を逞《たくまし》うするを推測し得たるを以て恒例酒宴の訖《おわ》るを度《はか》りて奉迎して帰り来るを罷《や》め、晩餐を喫し訖《おわ》るや直《ただち》に褥《しとね》に就て假寐《かび》*11すたりき。蓋《けだ》し故意に義父の意を激発して離婚せしめんと欲するなり。而して夜既に参半、義父果して酔を被り蹌踉《そうろう》*12として帰り来り頻に門扉を敲《たた》きけり。余応ぜざるを以て妻冨子慌忙《こうぼう》として起て扉を啓《ひら》きたり。既にして余の既に就褥《しゅうじょく》*13すたるを知り奮然として盛怒し直《ただち》に室内に闖入《ちんにゅう》し、足を挙て枕を蹴り臂《ひじ》を延《の》べて衾《よぎ》*14を褫《は》ぐ。此に於てや余は始て醒覚《せいかく》するの状を粧《よそお》ひ、徐《おもむろ》に起て帯を纏《まと》ひ衣襟《いきん》を整ひて以て拝謝すたりき。義父怒《いかり》尚ほ釋《と》けず盛気余を責て曰《いわ》く咄々《とつとつ》*15汝不埒《ふらち》、義父母に先ちて寝に就き而して尚ほ人子たるの道を尽すと思惟する歟《や》。須《すべか》らく先づ生家に到りて之を父兄に質《ただ》すべしと。余乃《すなわ》ち袴を穿《うが》ち刀を携へて将《まさ》に家を出でんとするや、義父尚ほ呶々《どど》*16として罵詈《ばり》し止《や》まざりき。余徐《おもむろ》に対《こたえ》て曰く、小子不肖なりと雖ども父母に先《さきだち》て褥《しとね》に就くは固《もと》より道にあらざるを知れり。何ぞ必《かならず》すも父兄に質《ただ》すを要せん。抑《そもそも》小子の素行に於て果して尊意に諧《かな》はざるあらば則父兄に商議し以て離婚せらるべし。小子は大《おおい》に喜《よろこび》て退去せんのみと。語未だ訖《おわ》らず義父益《ますます》怒り拳を奮《ふるい》て将《まさ》に毆撃せんとするを以て、余は身を転じ避焉《これをさ》く。誤り紙障＊17に衝撞《しょうとう》して顚仆《てんとう》したりき。義母驚きて急に義父を抑制すたるを以て余は其間に乗じて身を挺して起つ。

其二

既にして余手戸家を脱出すたり。時方《まさ》に夜半、四顧寂寥《しこせきしゅう》＊18、西風皎月《きょうげつ》＊19凄涼の気、身に逼《せま》る。往《おう》を憶《おも》ひ来《らい》を思て自ら感慨の情に堪へざりき。今や義家を退去すたるは曽《かつ》て懐抱《かいほう》せる思望の一班を達すたる行動にして聊《いささ》か暢快《ちょうかい》＊20の感なきにあらずと雖ども、然《しかれ》ども多年の歳月を徒《いたずら》に辛楚艱難の間に送るのみならず多少の謬辱《びゅうじょく》を世間に流布するに至りたるは実に遺憾に堪へざる所、況んや今日に迫れる一大不倖《ふこう》の伏在するに於てをや。我家現下の状態如何を顧れば、赤貧骨に逼《せま》り朝夕の糊口《ここう》にも困難の際なるを以て家に帰るも亦安《やすん》じて居る能はざるは勿論《もちろん》、未だ先考《せんこう》＊21の意を忖度《そんたく》し得ず。万一手戸家を脱出すたるを怒り給ひ直に追還せらる、憂虞《ゆうぐ》＊22あるを以てなり。故に杞憂と煩悶とを懐き蛹蠕《ようじゅ》＊23として足進むを得ず。徐々に辿りつ、寝《ようやく》にして東七番街の邸に達すたりき。少焉《しょうえん》にして伯兄《はくけい》門戸を啓《ひらき》て室内に延《ひ》き給ふ。余乃《すなわ》ち先考に謁して手戸家を退去すたる顚末を陳すたり。先考咨嗟《しさ》＊24久之《これひさし》ふして曰く、乃公《だいこう》＊25棊《き》貧《ひん》＊[26]にして復《ま》た汝を扶養する能はず。汝須《すべから》く自ら生活の計を立つべしと。余や其語を拝聴するに及て始て安心の思《おもい》を為すたりき。乃《すなわ》ち謹み対《こたえ》て曰く、豚児《とんじ》＊[27]不肖にして尊意に睽《そむ》き恣《ほしいまま》に義子を罷《や》めたるは洵《まこと》に不孝の所業たるを知る。然《しか》れども豚児の義家を退去するや既に自ら生活の計を為し、聊《いささ》か累《まきぞえ》＊[28]を慈父母に及ぼさざらんを期せり。敢て請ふ。軫念《しんねん》＊[29]を労し給はざらん事を。既にして天亦曙《あ》けたるを以て土樋街の木田八十吉＊[30]なる者の小舎に僦居《しゅうきょ》＊[31]して、糶賈《きくこ》＊[32]石川某の米穀を舂《つ》き些少の資《もと》を得て以て僅《わずか》に生活するを得たり。

附言

夫《そ》れ人父の情義として子の災阨《さいやく》艱難の際に方《あたり》て之を拯援《しょうえん》＊[33]せざるのみならず、宛《あたか》も生人《せいじん》＊[34]に対すると一般、冷然として毫も愍恤《びんじゅつ》＊[35]の情なく且つ扶養をも拒むが如きは果して是《これ》人父たるの情義を尽すたる者と云ふべき歟《や》。実に冷酷不慈の所業と云はざるべからず。然りと雖ども当時の事情を悉《つく》すに於ては決して然らざるの理あり。蓋《けだ》し此時に当て藩主は王師に抗したるの罪を以て封土を褫除《ちじょ》＊[36]せられ、更に二十八萬石の封土を賜はると雖ども藩士に給与するに足らざるを以て藩士の秩禄は皆逓減《ていげん》せられたりき。此《ここ》に於て百斛《こく》以内の藩士は一年僅《わずか》に玄米八斛《こく》を給せらる丶の不倖《ふこう》に陥るを以て家眷《かけん》*37の数多な者にありては皆生活困難を感ぜざるはなし。我家に於ても亦然り。家眷の人員長幼を合せて八口なれば僅少《きんしょう》なる給与米を以て其口を糊《のり》するに足らざるは勿論《もちろん》、剰《あまつさ》へ先耆伯兄倶に胥吏《しょり》の職を罷《や》め徒《いたずら》に遊手素餐《ゆうしゅそさん》し給ひ一金の資《もと》を得ざれば一舛《ひとます》の米を購《か》ふの術策なく勢《いきおい》必ず給与米のみを以て一家八口の生命を維持せざるべからざるなり。斯《かく》の如き境遇なれば、平素糜粥《びしゅく》*38を以て常食と為す給ふは勿論《もちろん》、祝日に当ては未だ精《しら》けざる*39米に菜葉を混和して炊き饌《せん》に供する始末なり。此故《これゆえ》に副食物の如きは絶て之なく而して僅《わずか》にある物は則前年野菜を塩蔵すたる汁液あるのみ。之を煮沸《しゃふつ》して其《その》腐臭を除き以て糜粥《びしゅく》に和《あわ》し、以て啜《すす》るに過ぎざりき。赤貧斯の如き始末なれば、其勢《それいきおい》余を家に入て与《とも》に倶《とも》に口を糊《のり》せしむる能はざるは当然の理にして、況んや此年凶荒にして米價翔貴《しょうき》一斛《こく》金十両に相当するに於てをや。故に資産の豊優ならざる者に於ては一舛《ひとます》の米も容易に購《か》ふ能はざる有様にして、畢竟《ひっきょう》時勢の然らしむる災阨《さいやく》なれば、苟《いやしく》も男児に生れたる以上は尤怨《ゆうえん》する所なく、自ら奮起して自ら生活の道を講ずるこそ当時に適合すたる処業と云ふべけれ。

【註】
＊1　手戸家　東三番丁にあった手戸家と言うから「安政補正改革仙府繪圖」（安政三～六年）によれば、手戸家当主はおそらく手戸藤七郎であろう。
＊2　評定所　徳川時代の最高裁判所をいうが、ここでは藩の裁判所。
＊3　御用望　藩の用務。
＊4　管一　（一八三七～一九一三）本名は管克復《こくふく》。一《はじめ》は通称。一ノ関藩士。茂村公子（諧光院）が慶邦公の養子となったとき付け人として仙台に来て大番組に登用される。維新後、宮城郡長となり、また宮城紡績会社（のちの仙台電灯会社）を創設し産業振興に貢献した。大正二年二月二十日歿。覚範寺（仙台市北山町）に葬る。
＊5　延見　客を通して面会すること。
＊6　荒巻　仙台北山の西の地。
＊7　悪詈　悪口。
＊8　怏々　不満な様子。
＊9　高橋大之進　不詳。
＊10　酒酗　酒に酔って怒ること。
＊11　假寐　うたたね、仮寝。
＊12　蹌踉　よろめくこと。
＊13　就蓐　就寝。
＊14　衾　ふとん。
＊15　咄々　意外なことに驚いて発する声。
＊16　呶々　くどくどと言う様子。
＊17　紙障　紙障子。
＊18　寂寥　人気がなく寂しい。
＊19　皎月　冴えわたる月。
＊20　暢快　気持ちがのびのびして楽しいこと。
＊21　先考　亡父。
＊22　憂虞　憂い恐れること。
＊23　蛹蠕　さなぎのように動かないこと。
＊24　咨嗟　ため息をついて嘆く。
＊25　乃公　わが輩。
＊26　綦貧　極貧。
＊27　豚児　自分の子を謙遜していう語であるが、ここでは自身をへりくだって言っている。
＊28　累　巻き添え、煩い、心配。
＊29　軫念　御心。

＊30　木田八十吉　不詳。
＊31　餓居　借家住まい。
＊32　麹賈　酒商。
＊33　拯援　救い助ける。
＊34　生人　未知の人。
＊35　愍恤　憐れみ恵む。

＊36　褫除　取り上げる。
＊37　家眷　家族。
＊38　糜粥　おかゆ。糜は堅いおかゆ。粥は柔らかいおかゆ。
＊39　精けざる　精白していない。

仙台藩政を歎ず

この遺文の執筆時期は不明であるが、おそらく明治三〜四年、酒商の米をついて生計を立てていた頃と思われる。藩祖政宗公の時代には藩士のあいだに尚武の風潮が盛んであったが、時代が下るにつれて下級官吏に堕する藩士が増え、それとともに藩士が文武の道の修業を怠るようになり、それが藩政の大本を誤らせたことを歎く。ついで戊辰の役に際しては薩長の姦計に適切に対処し得ず、もっぱら徳義に頼った失敗を歎く。また時代の趨勢が読めず、格式という昔年の流弊を改めようとしなかった失政を歎く。

善良なる制度と雖ども世に応じ時に随《したがい》て革新せざれば裨益《ひえき》なきのみならず遂には弊害続出して以て収拾すべからざるに至る。故に為政者は常に利害得失の繋《つなが》る所を攷察《こうさつ》して之を矯正せずんばあるべからず。藩祖政宗公[1]の封土を統治し給ふに方《あたり》て国家無事にして静謐《せいひつ》[2]なりと雖ども尚武[3]の風甚だ熾《さかん》にして藩士たる者専ら武術を攻《おさ》め官吏に従事せんとする者なかりき。三世の藩主綱村公[4]之を憂ひ藩士の二三男にして稍《やや》書数の技ある者を選擇《せんたく》して寡少の食禄を給し以て胥吏《しょり》[5]に補充すたりと云ふ。是固《もと》より権宜《けんぎ》[6]の道にして永世不易の制度にあらざるは勿論《もちろん》なりと雖ども爾来《じらい》少禄の藩士は陸続として胥吏と成り因襲の久しき、終《つい》には文武の学芸は措《お》て問はず、只管《ひたすら》胥吏を以て生命と為すに至れり。此時に当《あたり》て剣槍等の師範及び漢儒者医師等は固《もと》より専職あるを以て胥吏たるを得ずと雖ども爾他《じた》の藩士に至ては是《こ》の如き職責あらざるを以て相競て胥吏に従事し、而して藩士たるの職分を尽すたる者と為すが如し。抑《そもそも》我藩は封域[7]広大なるを以て其事務を乗《と》るべき官吏なくんばあるべからざるは勿論なりと雖ども何ぞ必《かならず》すも一藩の藩士を挙げ以て官吏と為すを要せん。毫《ごう》も藩事に裨益する所なきのみならず偶《たまたま》弊害の発生するに過ぎざるなり。国家無事なるを以て文武の学芸を修養するの必要なしとせん乎《や》、実に訛謬《かびゅう》の至《いたり》にして、為めに士気全く喪亡《そうぼう》し、巽懦《そんだ》[8]暗弱に流れ、簡猛勇武[9]の風《ふう》地を払ひ、復《ま》た古武人の面目を認むる能はず。蓋《けだ》し面諂《めんてん》[10]側媚《そくび》[11]は官吏の通弊にして其弊遂には性格を併《あわ》せて卑屈貧冒《たんぼう》[12]に陥《おちい》り廉隅《れんぐう》[13]高潔の心を消亡するに至る。其袴《はかま》を穿《うが》[14]ち刀を佩《はい》し以て武人たるの躰面《たいめん》を装ふは宛《あたか》も俳優が武士に扮装すたると一般[15]、全く虚飾にして決して文武の学芸に達するの表幟《ひょうし》にあらず。何を以て国家の干城《かんじょう》*16たる責任を尽すべけんや。抑《そもそも》我藩は夙《つと》に養賢堂*17なる一大学堂を設立して専ら文武の学芸を勧奨すと雖ども、藩士にありては既《すで》に胥吏を以て職分と思惟《しい》するを以て進《すすみ》て文武の学芸を修養せんとする者一人も之あるなく、弱冠に至れば学芸の成否に関せず、皆之を罷め以て胥吏たるの準備を為さゞるはなし。偶《たまたま》学芸を修養せんと欲する者ありと雖ども父兄に於て之を禁遏《きんあつ》して其志を達し得ざらしむ。是を以て当時の官吏は概《おおむね》皆、文もなく武もなく一箇の傀儡たるに過ぎず。蓋《けだ》し文武の学芸に達すれば先進の官吏輩に娼疾《しょうしつ》*18せらるゝのみならず長官も亦《また》之を嫌忌《けんき》して登用せざらしむと云ふ。余の弱冠なるに及て手戸家の義子たるや、義父の命に遵《したが》ひ漢学を廃棄し以て小吏に従事すたるは実に訛謬なりと雖ども余に於ては時勢《じせい》の然らしむ所にして亦如何《いかん》ともする能はず。唯怪むべきは當路者《とうろしゃ》*19が藩士をして文武の学芸を修養せしむるが為めに一大学堂を設立すたるにも拘はらず、藩士をして官吏是生命とするの弊風を矯正するの策を知らず、学堂をして空しく徒爾《とじ》*20に附すたるは抑《そもそも》何の意ぞや。頑迷にして為政の大本を誤る者と云はざるべからず、浩嘆《こうたん》*21せざるを得んや。

又

古来、経国の道、法典を制定して以て黎民《れいみん》*22を統御し安寧を維持するは則政綱の大本にして、古今を問はず内外を論ぜず宇内《うだい》列国皆然らざるはなし。然りと雖ども一朝《いっちょう》非情の事変発起するに及ては区々の法典以て国家を維持しべからず。必ず先ず非常の大事を断行して而して旧事の法典を変更し以て国家の面目を一新せずんばあるべからず。是英雄の邦国を経綸する術策にして尋常為政家の企及しべからざる所なり。戊辰の役に当て我藩の方嚮《ほうきょう》[*23]を誤り叛逆の僇辱《びゅうじょく》を招くに至りたるは全く此理を知らずして国是を確定せんと図りたる所以《ゆえん》にして実に繆戻《びゅうれい》[*24]の至《いたり》と云ふべし。肇《はじ》め徳川氏大政を朝廷に奉還するや薩長二藩代りて天下の大権を握り、至尊[*25]の幼冲《ようちゅう》[*26]なるを機とし、敢て威福[*27]を弄《ろう》し、王命[*28]を仮りて私憤を泄《もら》し、朝権を狭《せまくし》て宿憾[*29]を報する類、横暴の所業甚だ尠《すくな》からず。今や其《その》一班を開陳せんに廼《すなわ》ち詔勅を矯《いつわり》て徳川氏を召致し而して之を洛外に要撃し戦闘不利と見るや、急遽錦旗を掲げ以て其罪を鳴らし叛逆と為す。是其《これその》一なり。越尾[*30]及び彦根姫路等の諸藩主の徳川氏に於るや或は宗支《そうし》[*31]の親《したしみ》あり、或は主従の義あり、父子の相争ひ君臣互に闘《たたか》ふが如きは無道の極《きわみ》、曽《かつ》て法典の禁遏《きんあつ》する所たるにも拘《かから》はず慫慂《しょうよう》[*32]して悖逆《はいぎゃく》[*33]の図《はか》らしむる者、是其《これその》二なり。会津藩の皇室に尽瘁《じんすい》し其勲功殊に大なり。特《ひと》り徳川氏に党援するの一事を以て大逆無道となし、我藩為《た》めに分疏《ぶんそ》[*34]謝罪せしむと雖ども之を聴かず、強《しい》て討伐せしむる者、是其《これその》三なり。百事斯《かく》の如く陰賊《いんぞく》[*35]兇姦《きょうかん》にして、而して王者天下を教ゆるの道にあらざるなり。此《これ》を以て我藩其横暴を悪《にく》み一戦以て賊魁《ぞくかい》なる薩長二藩を剿滅《そうめつ》*36して以て禍根の根を翦除《せんじょ》*37せんと欲するのみ。敢て無謀の兵革*38を動かして徒に王師に抗するにあらざるなり。蓋し当時の急務は必ず先ず諸侯を糾合して以て国家の基礎を鞏固《きょうこ》ならしむるにあり。外患紛起し国歩艱難*39の秋に方《あたり》て渠等《かれら》は之を捐《す》て、顧みず敢て至尊を擁して濫《みだり》に兵革を弄《ろう》し、以て私憤を泄《もら》し宿憾《しゅくかん》を報するに腐心するに至《いたり》ては則国事を以て戯《たわむれ》とする者にして、万一外虜《がいりょ》*40の釁隙《きんげき》*41に乗ずるあらば何を以て之を済《すく》はん。国家の大事を誤る者と云はざるべからず。是《これ》我藩の兵を挙げたる所以《ゆえん》にして要するに忠君愛国の衷情《ちゅうじょう》已《や》むべからざるに出づ。殆《ほとん》ど猶藤原博嗣《なおふじわらのひろつぐ》*42、恵美押勝《えみのおしかつ》*43の驕横《きょうおう》を悪《にく》み、兵を起して討滅せんと図りたる者の如し。然りと雖ども国家経綸の道たる常規を以て之を律しべからず。世に応じ時に随《したがい》て権衡《けんこう》*44其道《そのみち》を誤らざるを要す。嘉永癸丑《きちゅう》*45以降、欧米列国の使臣陸続として来朝し通商貿易を以て我に逼《せま》るや、全国震慴《しんしょう》*46上下杞憂《きゆう》、殆んど其做《な》す所を知らず。蓋《けだ》し鎖港以て之を拒絶せん乎《や》、不可なり。武力以て之を討攘《とうじょう》せん乎、不可なり。皆算策の得たる者にあらざるなり。天下の策士謀客之が利害を攷《かんが》へ得失を覈《しらぶ》るに及て漸《ようや》く宇《う》内大勢《だいたいせい》の趨向する所を看察し、今日の急務は必ず先ず一大政府を設立して以て国家の制度を画一するにあり。而て天下の士民協心戮力《りくりょく》*47し以て海外列国に当るにあらざれば勝《かち》を制しべからざるのみならず、動《やや》もすれば凌轢《りょうれき》*48せらるゝ虞《おそれ》あり。此時《このとき》に方《あたり》て凡百《ぼんびゃく》*49の諸侯各封土を擁して兵馬の権を分掌するは則封建制度の遺風にして決して時勢に適合する道にあらざるなり。然りと雖ども徳川氏旧に仍《よ》りて天下の大権を握るに於ては則封建制度を剿絶《そうぜつ》*50すべからざるは勿論《もちろん》、政府も亦創立すべからざるを以て、徳川氏に対しては固《もと》より譴責《けんせき》すべき失躰《しったい》なきにも拘はらず、殊に構成して罪悪を鳴《なら》し以て討伐すたる者にして、故に道理に反したる措置なりと雖ども国是の為《た》め然らざるを得ざる権宜《けんぎ》の道なり。是実に大政維新の丕業《ひぎょう》*51を創定すたる理由にして、宏《こう》謨《ばく》*52深遠にして如何に時勢に切緊なるを見るべし。之を要するに宇内の大勢を利導*53すたる所業にして而して事跡の勁暴《けいぼう》*54恣睢《しき》*55に渉るありと雖ども、其正鵠《せいこく》*56とする所、亦忠君憂国の意に基く者なり。我藩深く此理《このり》の存する所を攷覈《こうかく》*57せず、一に綱常《こうじょう》*58徳義とに頼りて国家の大業を料理せんと図りたるは則権宜《けんぎ》の道を誤りたるに基く宜《む》べなり。一敗地に塗《まみ》るのみならず一藩の節義も亦倶《またとも》に泯《ほろ》びて世間に表白する能はざるは吾人の以て大に遺憾とする所なり。

大事を断決し大難を排開*59するに必ず先ず天下の形勢を審《つまびらか》にせずんばあるべからず。果して能《よ》く天下の形勢を審にすと雖ども、機先を制するにあらざれば往々《おうおう》国家の大事を誤るに至る。明治元年、廟議《びょうぎ》*60我藩に命じて会津藩を討伐せしめ、尋《つぎ》て鎮撫使九條道孝等三卿*61薩長二藩の兵を率ひ来り之を督責すたるは、要するに薩長等列藩が曽《かつ》て我藩の雄大なるを畏憚《いたん》*62し一大難事を要求し、以て其向背《こうはい》*63を窺知《きち》せんと欲する術策なれば我藩に於ても亦応《まさ》に之に応ずる道を講ぜずんばあるべからず。慮《おもんぱかり》此処《ここ》に出でず。卒爾《そつじ》*64兵を挙げて渠等《かれら》と雌雄《しゆう》を決せんとする者抑《そもそも》亦誤る。蓋《けだ》し其《その》術中に陥る者なり。歎ぜざるべけんや。余曽《かつ》て其原因する所を攷《かんがう》るに一藩の昏懦《こんだ》*65にして天下の形勢を審《つく》する明なく機先を制するの智なきは勿論《もちろん》なりと雖ども然《しかれ》ども藩士をして昏懦に陥らしむる所以《ゆえん》は何ぞや。廼《すなわ》ち封建制度の積弊にして殊に秩禄の頒賜《はんし》其当《そのとう》を得ざるもの職《もとより》として之に胚胎《はいたい》せずんばあらず。抑《そもそも》封建制度は昔日の軍制にして、干戈《かんか》*66事なく戦乱跡を収むる治世に於ては士風の頽廃するは数*67の免れざる所長く士人の面目を保《たもち》て愾慨《きがい》尚武《しょうぶ》の気を維持する能はず。徒《いたずら》に慣例格式を墨守するに過ぎず。曽《かつ》て当時の世態を通覧すれば国内列藩も亦皆此弊を免るゝ能はずと雖ども、然《しかれ》ども我藩の甚しきに至らざるが如し。他藩士の説に依れば、藩士の俸禄其大《そのだい》一万石に下らず、其小《そのしょう》百石に下らずと云ふ。蓋《けだ》し列藩固《もと》より数多なり。之を以て例証とするに足らずと雖ども、然《しかれ》ども秩禄の径《けい》庭《てい》*68ある我藩の右に出《いず》る者あらざるが如し。今や我藩の門閥巨室*69の大禄家は往々《おうおう》皆広大なる采地*70を有し、城郭を築き宏舘を構へ、使令側に侍し、隷従《れいじゅう》*71雲の如し。其状宛《あたか》も一大諸侯の看あり。而て少禄の藩士は全く之に反し秩禄僅《わずか》に数口に過る能はず。茅茨《ぼうじ》*72に棲息し貧窶《ひんく》*73の状閭閻《りょえん》*74の賤民是《し》如かざる者多し。斉《ひと》しく是藩士なり。一は多大に過ぎ、一は過少に失し、両ながら其当を得ず。此を以て禄多き者は驕奢《きょうしゃ》*75を務め安佚《あんいつ》*76を事とす。禄寡《すくな》き者は往々《おうおう》窮乏に苦み、苟《いやしく》も書数の技ある者は往々皆胥吏《しょり》に従事して凍餒《とうたい》*77を免れんとす。而して治平世を累《かさ》子因襲歳《とし》を経るに及てや士気全く喪亡《そうぼう》し簡猛の風変じて昏懦《こんだ》の俗《ならい》に化す。禄の多寡を問はず家の富貧を論ぜず滔々《とうとう》数千の藩を挙げて一様模型に鑄鎔《しゅよう》*78する者の如く、無学不武に陥るも亦怪むに足らざるなり。抑《そもそも》藩士は治に処して乱を忘れず、常に能《よ》く文武の道を修養して以て緩急《かんきゅう》*79国家に尽瘁《じんすい》すべき任務なりと雖ども、文武の素養なき何を以て其の任務を果すを得ん。諺に云《いわ》く稼穡《かしょく》*80を知らざる者は農夫にあらず、賈衒《こげん》*81を知らざる者は商賈《しょうこ》*82にあらず。文武を知らざる者は之を藩士と云ふべきや、所謂傀儡《いわゆるかいらい》是なり。然りと雖ども少禄の士は衣食の為《た》め胥吏《しょり》に従事するを以て文武の学芸を修養するの余力あるなし。其情恕《ゆる》しべしと雖ども、大禄家の安佚を事として素餐*83するに至ては毫も恕しべからざるのみならず、大に其失躰を叱責せざるを得ず。其格式たるや常に少禄者の上位を占め、藩政に参与して一藩の利害得失を処決するは勿論《もちろん》、一旦非常の秋に際会すれば則将校となり参将となりて軍団の事を掌《つかさ》どる任務あるを以て其責任も亦重大なりと云ふべし。少禄者は之に反し只管《ひたすら》伍卒*84に任じ将校の指揮を受け以て戦闘に従事するのみ。偶《たまたま》智勇に優る、者と雖ども漸《ようや》く褊裨《へんぴ》*85たるに過る能はず。盖《けだ》し当時の制度は専ら格式を重ず、格式あらざれば才芸ありと雖ども其才芸伸ぶるを得ず。

一言一行《いちげんいっこう》格式以外の事に渉《わた》れば僭越の罪を得 偶《たまたま》 一身を戕《そこな》ひ一家を泯《ほろぼ》すに足る。要するに皆封建制度の流弊《りゅうへい》にして愚漢以て賢哲を制御すべく懦夫《だふ》以て駿傑を駆使すべし。賢愚地を易《か》へ、材否*86位を異にし、事理《じり》*87 繆戻《びゅうれい》*88 名実顚倒の伎曲《ぎきょく》を呈す、歎ぜざるべけんや。

【註】

*1 政宗公 伊達政宗（一五六七〜一六三六）輝宗の子。眇目《すがめ》のため独眼竜の異名がある。一五九〇（天正十八）年小田原陣中で豊臣秀吉に帰服、征韓の役に従った。関ヶ原の戦い及び大阪の陣で徳川家康側に立って功を立て仙台六二万石を領した。支倉常長を欧州に遣わしたことでも知られる。

*2 静謐 静かで安らか。太平。

*3 尚武 武事を重んずること。

*4 綱村公 伊達綱村（一六五九〜一七一九）仙台亀岡八幡宮の建立者。

*5 胥吏 下級の役人。

*6 権宜 一時の間に合わせの解決策。

*7 封域 領地。

*8 巽懦 卑屈で臆病。

*9 簡猛 志が大きく勇猛であること。

*10 面諂 人の面前だけで媚びへつらう。

*11 側媚 よこしまで媚びへつらう。

*12 貧冒 貪欲。

*13 廉隅 守るべき廉節。

*14 穿つ （衣服を）着る。「穿つ」を「着る」の意で用いるのは俗用。

*15 一般 同様。

*16 干城 楯と城。ともに国を守るもの。

＊17　養賢堂　仙台藩の藩校。第一部「目黒順蔵とその時代」の「2養賢堂時代」一五頁参照。
＊18　娼疾　妬むこと。
＊19　當路者　当局者。
＊20　徒爾　無駄、無益。
＊21　浩嘆　大いに嘆く。
＊22　黎民　人民。
＊23　方嚮　方向。
＊24　繆戻　誤りもとる。
＊25　至尊　天皇。
＊26　幼冲　幼少。
＊27　威福　威光と福運。人を威光で脅したり恩を着せて圧迫すること。
＊28　王命　天皇の命令。
＊29　宿憾　久しい以前からの恨み。
＊30　越尾　越《こし》の国と尾張の国。
＊31　宗支　本家と分家。
＊32　慫慂　誘い奨める。
＊33　悖逆　道理にもとる。
＊34　分疏　弁解。
＊35　陰賊　陰で悪事を働くこと。
＊36　勦滅　滅ぼしつくすこと。
＊37　翦除　切り除く。
＊38　兵革　兵器、転じて戦争。
＊39　国歩　国運。
＊40　外虜　外国を卑しめていう語。虜は夷《えびす》の意。
＊41　釁隙　仲たがい。
＊42　藤原廣嗣　（?～七四〇）奈良時代の廷臣。武智麻呂ら不比等の四子の歿後、勢力のあった吉備真尾と僧玄昉を排除して藤原氏の勢力挽回を計り大宰府に挙兵したが敗れて斬首。
＊43　恵美押勝　（七〇六～七六四）藤原仲麻呂の異名。奈良時代の政治家。光明皇后・孝謙天皇の寵愛を得て、女婿大炊を皇太子とし、大炊が淳仁天皇として即位すると右大臣となり恵美押勝の姓名を賜る。ついで太政大臣となり権勢を恣にした。僧道鏡が孝謙上皇の寵愛を受けるに及んで、これを除こうとして挙兵したが敗れて近江で殺された。
＊44　権衡　はかりの重りと竿。転じて、平均または釣り合い。

＊45 嘉永癸丑　嘉永六（一八五三）年。
＊46 震慴　震え怖れる。
＊47 戮力　力を合わせる。
＊48 凌轢　人を押しのけ踏みにじる。
＊49 凡百　もろもろ。
＊50 剿絶　絶やす、滅ぼしつくす。
＊51 丕業　大事業。
＊52 宏謨　広大な計画。
＊53 利導　良い方へ導く。
＊54 勁暴　強くて荒々しい。
＊55 恣睢　勝手気ままに行動し威張る。
＊56 正鵠　的の中央にある黒点、転じて目当て、狙いどころ。
＊57 攷覈　よく考え調べる。
＊58 綱常　人の踏むべき大道。
＊59 排開　押し開く。
＊60 廟議　朝廷で行なわれる評議。朝議。
＊61 三卿　総督左大臣九條道孝、副総督澤為量、参謀醍醐忠敬を指す。
＊62 畏憚　恐れはばかる。
＊63 向背　従うか背くか。
＊64 卒爾　にわかに。
＊65 昏懦　愚かで惰弱。
＊66 干戈　楯と矛、転じて戦争。
＊67 数　運命、道理。
＊68 径庭　隔たり、格差。
＊69 巨室　先祖代々、主君に仕え大きな権力を有する家柄。
＊70 采地　藩士がもらう領地。
＊71 隷従　家来。
＊72 茅茨　きわめて質素な家。
＊73 貧窶　貧しくやつれていること。
＊74 閭閻　村里。
＊75 驕奢　ぜいたく。
＊76 安佚　安らかに遊び暮らす。
＊77 凍餒　飢え凍えること。
＊78 鑄鎔　金属を溶かして物を作ること。
＊79 緩急　にわかに事変が差し迫ること、危急。
＊80 稼穡　農作。
＊81 賈衒　売買。

＊82　商賈　商人。
＊83　素餐　精勤せずに官禄をもらう。
＊84　伍卒　下級の軍人。
＊85　褊裨　補佐、副将。

＊86　材否　才能のある人と才能のない人。
＊87　事理　物事の道理。
＊88　繆戻　誤っており、正しいあり方に反していること。

道は人間の大典なり

明治四年の晩秋、順蔵は東京に出てマラン塾で学び、翌年十一月一日に東京ラテン学校で天主教（カトリック）の洗礼を受けた。この年のクリスマスに順蔵はミドン神父に連れられて、洗礼感謝のため横浜天主堂に詣でる。クリスマスの真夜中のミサに列席した順蔵は、そこで熱心に祈る外国人信徒の姿に深い感動を覚えた。東京に戻った順蔵は、西洋各国が治教隆盛で富み栄えているのは国の根本に天主教があるからだと考えた。そしていま維新の隆世に際し天主教をもって皇国のために力をつくしたいという一文を「新聞草稿」として書いたが、太政官諜者に見つかり諜者は二月二十五日付けでこれを政府に報告している。キリシタン禁制の高札が撤去されたのは翌二十六日であった。なおこの遺文は「大隈文書」に収められ早稲田大学図書館に保存されている。

道は人間の大典なり。教《おしえ》は人道の大経なり。道を離れて教なく、教を離れて道なし。故に能《よ》く道を脩《おさ》むるを善教と謂《い》ふなり。方今、西洋各国治教隆赫《りゅうかく》＊1殷冨《いんぷ》＊2強兵以て天下に冠たるは蓋《けだ》し何の故《ゆえ》ぞや。曰く紀律の判明なるに非ざるなり。軍略の整粛なるに非ざるなり。乃ち一大善教の政あるを以て而已《のみ》。傅《ふ》＊3曰く、善政不如善教之得民也（善政は善教の民を得るに如《し》かざるなり）。蓋《けだ》し善教とは則一大聖教＊4を謂《い》ふなり。巫覡《ふげき》＊5の流に非ざるなり。浮屠《ふと》＊6の法に非ざるなり。陋儒《ろうじゅ》＊7俗学を謂《い》ふに非ざるなり。権謀術数を謂《い》ふに非ざるなり。蓋《けだ》し善教とは則一大聖教を謂《い》ふなり。聖教とは何ぞ歟《や》。曰く生民《せいみん》＊8慈倫の典常＊9、万世不易の一大要道なり。是を以て凡そ人たる者、聖教を知らずんばある可《べか》らず。聖教を知らんと思へば則天主に奉事せずんばある可《べか》らず。如何なれば天主は天地万物の一大主宰なり。譬《たと》へば国の君あり、家の長あるが如し。国君なければ則国治る能はず、家長なければ則家斉《ととの》ふる能はず。天下天主なければ則必ず天地万物ある能はざるなり。然らば則天下の大道、天主の以て立つる処なり。聖教は復《ま》た天主の以て立つる処なり。而て人造の者に非ざるなり。人造の者は則聖教の道に非ざるなり。是を以て西洋各国にして西洋各国の教に非ず。皇国にして皇国の教ある可《べか》らず。聖教は則天下万国普通の大道なり。故に曰く、天の覆《おお》ふ所、地の載《の》する所、日月《じつげつ》の照す所、霜露《そうろ》の墜《お》つる所、凡《およ》そ人の知らずんばある可《べか》らざるは則聖教なり。尊信せずんばある可《べか》らざるは則一大天主なり。傅《ふ》曰く、順天者存逆天者亡（天に順《したが》う者は存《なが》らう、天に逆《さから》う者は亡《ほろ》ぶ）。抑《そもそも》天に順《したが》ふとは聖教の大道に従ひ以て能《よ》く天主に奉事するを謂《い》ふ。是《これ》乃ち聖教の以て天下を治る所なり。天に逆ふとは聖教の道に従はず悉《ことごと》く天主の詔勅に悖戻《はいれい》するを謂《い》ふ。是乃ち悪人の以て身を亡す所なり。曽《かつ》て聴く、往古《おうこ》天正中、織田公あり。兵を尾近《びきん》＊10の際《きわ》に起す。粗《ほぼ》中原を経略し是に於てなり。大聖教の政を敷かんとす。而て未だ果さず、不幸にして戦死す。其後太閤東照の両公あり。復《ま》た聖教の議あり。然るに奸臣交《こもごも》之を阻礙《そがい》す。以て聖教の政遂に泯滅《みんめつ》す。是れ天下の遺憾にして万民の一大不倖と謂《い》ふ可し。方今、百揆《ひゃっき》＊11維新文運至隆の盛世に際し而て聖教の昭晰《しょうせき》＊12ならざるは実に歎惜《たんせき》の至に堪へず。傅《ふ》曰く、天下有道以身殉道（天の下に道有り、身を以て道に殉《したが》う）。今也《いまや》、草莽《そうもう》の微臣叨《とう》＊13の聖朝の渥恩《あくおん》に浴し、游佚《ゆういつ》徒食以て一芥《いっかい》の功なきは実に羞赧《しゅうたん》の至り。復《ま》た臣子の道に非ざる也。故を以て聊《いささか》此聖教を以て皇国の為に尽力せんを欲す。天下有志の人、同心奮発聖教の道を学び皇世の裨補《ひほ》たらんを希望する也。

【註】

＊1　隆赫　高く盛んなこと。
＊2　殷富　富み盛んなこと。
＊3　傅曰く　傅は孟子。
＊4　聖教　ここでは天主教（カトリック）を指す。
＊5　巫覡　みこ（巫女）。
＊6　浮屠　浮図《ふと》に同じ。僧侶、寺、仏陀、仏教。

＊7　陋儒　見識のせまい学者。
＊8　生民　人民。
＊9　典常　つねに則るべき教え・定め。
＊10　尾近　尾張と近江。
＊11　百揆　庶政を取り締まる役人。
＊12　昭晰　明らかであること。
＊13　叨の　かたじけない。

神奈川小学校に勤務中伯兄の逝去に遭遇するたる紀事

明治六年七月、神奈川県葉山に最初の小学校が開設されることになった。山口小学校である。順蔵は葉山の戸長伊東春義の懇望により同小学校の首座教員に就任した。翌明治七年三月、福島県伊達郡小坂で医者を開業していた兄行蔵が急逝し、順蔵は急遽、福島に赴く。兄の死により順蔵は家督を相続した。また兄の死を契機に医師を志すことになる。

余の山口小学校[*1]教員に従事の際、一色村《いっしき》[*2]の素封家鈴木市郎右衛門の招聘に応じて同人の家へ寄寓すたりき。一日朝餐を喫するに当て適《たまたま》一通の郵書に接すたり。封表を睹《み》れば角田某なる者より寄送すたるものなりき。盖《けだ》し角田某は伊達郡小坂[*3]の人高原庄兵衛なる者の義兄にして曽《かつ》て伯兄の医業を小坂に開くに方《あたり》て周旋の労を秉《と》りたる者なりき。余に対して書牘《しょとく》[*4]を寄送すたる事なきに拘はらず至急親展の四字を記載すたるを以て余が心深く之を怪み、慌忙として封表を開き以て一覧するに何ぞ料《はか》らんや伯兄の訃音なるを。驚愕極て幾《ほと》んど将《まさ》に心神を喪《うしな》はんとす。朝餐も亦咽《のど》を下らず。故に半《なかば》にして之を罷《や》め直《ただち》に室に入り、以て郵書を熟覧する反覆。夫《それ》天なる者、伯兄の如き善良の人に対して年を假さずして俄に夭逝《ようせい》せしむる理之あるべきや。嗚呼《ああ》亦惨なり。抑《そもそも》天意は測り知るべからずと雖ども哀悼の極、終には天を怨懟《えんつき》するに至るも亦偶然ならざりき。今を距《へだた》る三年前、余の東京に赴くに方《あたり》て途《みち》を迂回して小坂の僑居*5に伯兄を訪て投宿すたりき。兄別《わかれ》に臨て慇懃《いんぎん》語て曰く、予も亦後日出京して汝と倶《とも》に勤学すべきを誓ひ給ふ。加之《しかのみ》ならず、一月以前更に一書を寄送して数日の後必ず出京すべきを報ずたりき。故に余は親観の近きにあるを喜び屈指して其日の到るを俟《ま》つ一日千秋の思ひありたり。今や俄《にわか》に幽冥其境を異にし永く相見るの期《ご》なきに至りたるは何たる不幸の運命ぞや。終《つい》には唯封筒を握りつゝ潸然涕泣《ていきゅう》*6するのみなりき。既にして自ら志気を励し、直《ただち》に鈴木市郎右衛門に面晤《めんご》して兄死去すたるを以て帰省するの已《や》むべからざる意を陳ずたり。鈴木も亦同情を寄せ為めに戸長伊東春義*7なる者に量《はかり》て旅資を調して以て寄贈すける。此に於てや余は倉皇《そうこう》*8結束*9して以て征途に上り、兼程《けんてい》*10疾行五日にして伊達郡北半田*11故伯兄の僑居に到達すたりき。母も亦既に郷里より来り給へ直《ただち》に余を邀《むか》へ語《かたり》て曰《のたま》へらく、予の来り病を看るや易《えき》簀《さく》*12前一日なりき。病勢熾甚《びょうせいしじん》にして神気昏潰《こんかい》し殆んど知覚なき者の如し。而て将《まさ》に瞑せんとするや順藏と呼ぶ三回、終《つい》に溘焉《こうえん》*13として逝《ゆ》（矣）くと。母の語を拝聴するに及て益《ますます》痛恨の情を感発すたり。蓋《けだ》し幼稚《ようち》の際に於ては屡《しばしば》喧嘩を事とすたれども年漸く成長するに及ては兄の余を親愛し給ふ事最も渥《あつ》く、余も亦兄を深く敬愛し、交亘《こうこう》*14相輔《たす》け相俟《まち》て各自樹立の計を立《たて》んと策画すたりき。今や事皆水漚《すいおう》に帰す。遺憾心肝に徹す。豈《あに》慨嘆せざるを得んや。此時、伯兄の尊骸を窆《ほうむ》むる数日を経るを以て乃《すなわ》ち母の導を得て其墳塋《ふんえい》*15に展拝すたりき。翌日、更に湯の村に赴き石匠をして墓碑一基《いっき》を鐫刻《せんこく》せしめて、之を墳塋に建てしめ以て永く伯兄の英霊を吊祭《ちょうさい》し了《おわり》ぬ。

【註】

*1　山口小学校　一八七三（明治六）年に神奈川県葉山の新善光寺を校舎として開校された葉山最初の小学校。

*2　一色村　現在の神奈川県三浦郡葉山町一色。

*3　伊達郡小坂　現在の福島県伊達郡国見町小坂。

*4　書牘　手紙、書簡。

*5　僑居　仮住まい。

*6　潜然　ひそかに、こっそり。

*7　伊東春義　一色村の戸長。

＊8　倉皇　にわかに、あたふたと。

＊9　結束　旅支度、身仕度。

＊10　兼程　同じ時間で通常の行程の倍を行くこと。兼行と同じ。

＊11　北半田　福島県伊達郡北半田。現在の東北本線桑折駅と藤田駅の間。

＊12　易簀　学問のある人が死ぬこと。孔子の弟子曽《そう》参《しん》が、敷いていた簀《すのこ》を自分の身分にふさわしからずと言って死ぬ前に取り替えさせた故事による。

＊13　溘焉　たちまち、不意に。人の死について用いられる。

＊14　交亘　かわるがわる。交互と同じ。

＊15　墳塋　墓、墳墓。

本覚寺に於て僧侶と議論すたる紀事

明治政府は廃仏毀釈の方針を強行し仏教の財産・地位を剝奪した。追われた仏教徒の矛先は西欧文明と耶蘇教に向けられた。その先頭に立つ僧侶佐田介石は大勢の聴衆を前に西欧文明と耶蘇教の弊害を説いていた。明治十一年六月十三日神奈川本覚寺にて佐田介石が耶蘇演説会を開催すると聞くや、順蔵は神父・友人の止めるのも聞かず、「恩誼ある教会のために議論せん」と会場に赴く。その場での仏教徒との騒動は新聞を賑わし、その経緯は講談師の席で語られるほどであったという。

余の神奈川淺間下《せんげんした》[*1]にありて宣教[*2]に従事するに当てや、適《たまたま》佐田介石《さだかいせき》、稲垣實眼《いながきじつがん》なる二人の僧侶が横浜に来りて仏教演説会を開きたりき。蓋《けだ》し佐田は熊本の人、慷慨にして気節に富み、大政維新後国民の多数は泰西の文明に心酔すたる結果、徒に浮華虚栄に流れ弊竇《へいとう》甚だ尠《すくな》からざるを以て之を憤慨するの余《あまり》、耶蘇教の弊害を剔抉《てっけつ》して攻撃を加へたる者なりと云へり。故に其演説する所、首として耶蘇教を駁撃する最も悪辣《あくらつ》を極め以て得意と為す者の如し。口辯流暢にして巧に耶蘇教の害毒なる理由を辯晰《べんせき》して亦餘蘊《ようん》*3あるなし。此を以て遠邇《えんじ》*4喧伝して市内は勿論、附近郷村より来聴する者雲集、其数無慮数万の多きに上れりとぞ。余夙《つと》に其風説を聞くと雖ども巷閭《こうりょ》*5間の浮説として敢て意に介せざりき。適《たまたま》有田某、盖《けだ》し廣島の人、余の助手として宣教に従事する者なり。横浜より倉皇として還り来り、余に愬《うった》へて曰く、先生未だ天主教会に於ける擾騒を知り給はざるや。妖僧佐田某の我が教法を駁撃《はくげき》したる結果、信徒の叛き去る者相継ぎ少きも亦一日数人に下らざる始末なるを以て的智繆《てすとびゅう》*6教師は深く之を憂ひ給ひ、團《だん》、三好、細淵等の諸子をして専ら力を信徒の慰撫《いぶ》に尽さしむ。盖《けだ》し團《だん》、三好等諸人は東京及び静岡の人にして倶《とも》に皆宣教に従事する者なり。又聞く、明日は本覚寺に於て説教を開会すと云へり。先生、今に於て防禦の策を講ぜずんば曽《かつ》て尽瘁《じんすい》して養成したる信徒叛《そむ》き去るに至らん。此に於て余は慨然として語て曰く、果して吾子《ごし》*7の云へる如くなれば大事去(矣)る。必ず先づ的智繆《てすとびゅう》師に観《まみえ》て以て之を措置せずんばあるべからずと。乃ち天主堂*8に詣り教師に観《まみえ》て曰く、今回妖僧来て我教法を駁撃《はくげき》すと。又明日は神奈川駅に於て説教すと云へり。小子不敏なりと雖ども渠《かれ》と抗論以て輸贏《しゅえい》*9を決せんと欲す。敢て具陳《ぐちん》すと。教師満面喜色を呈して曰く、予も業既《すで》に聞知せり、然れども上帝[*10]の道、区々[*11]たる僧侶輩の駁撃《はくげき》を以て衰頽するの虞《おそれ》あるなし、卿《けい》[*12]之を措《おい》て可なりと。蓋《けだ》し陽に許さずと雖ども其意陰に賛同する者の如し。故に復《ま》た語を継ぎて曰く、実に師説の如し、然りと雖ども小子は多年教会の恩誼を辱ふし倖《さいわい》にして衣食の虞《おそれ》なきのみならず、給ふ所の資《もと》を折半して以て老母を扶養し得る者、皆上帝の至恩ならざるはなし。今や上帝の為めに一身を捧て以て犠牲に供するの秋臻《いた》れり。小子の意正に決（矣）せり。請ふ了知し給はん事を。既にして淺間下《せんげんした》の寓所に還るや尋《つぎ》て團、三好等の諸人来訪し交々諌止《こもごもかんし》して曰く、卿《けい》明日を以て僧侶と議論を闘《たたか》はすと聞く。渠《かれ》素《もとより》と博学にして且つ口辯に富む。曽《かつ》て京都に於ては博士某なる者を説服し、名護屋《なごや》に於ては碩儒《せきじゅ》[*13]某なる者を屈従せしめたりとの説あり。若《も》し卿《けい》にして渠《かれ》と議論し万一敗《まけ》を取らん乎《や》、卿《けい》一人の愧辱《きじょく》に止らず併せて累《まきぞえ》を教会に及ぼすに至らん事を卿須《けいすべから》く熟考せらるゝべしと。余毅然として襟を正して曰く、厚意感謝に堪へずと雖ども僕も亦男児、業既《すで》に教師に盟《ちか》ふに抗論して輸贏《しゅえい》を決するを以てせり。今に及て之を中止する能はず。抑渠《そもそもかれ》は果して世人の云へる如く学徳宏博にして碩学鴻儒《せきがくこうじゅ》[*14]を屈服せしむる技倆《ぎりょう》あらば僕に於て敗《まけ》を取ると雖ども毫も愧辱《きじょく》とするに足らざるのみならず、況や亦敗《まけ》を取ると雖ども僕一人の身に止り、決して累《まきぞえ》を教会全般に及ぼすの理あらざるをや。卿《けい》等敢て軫念《しんねん》[*15]を労する勿《なか》れと。時に脇谷某なる者ありき。團等と対話の席中に入り来り卒爾《そつじ》*16として語て曰く、聞く先生明日妖僧等を説破して以て面皮を剥ぐと。嗚呼《ああ》亦痛快なり。敢て請ふ、下奴《げど》*17をも随伴せられん事を。盖し脇谷は東京の人、理髪を以て業《なりわい》を営み、曽《かつ》て余の誘掖《ゆうえき》を以て信徒となる者なり。余之を戒飭《かいちょく》して曰く、吾人と倶《とも》に往《ゆ》く固《もと》より望む所なりと雖ども平素の勇気に任せて以て勝手の所業を為すが如きは深く戒めざるべからず。渠《かれ》謹て対《こたえ》て曰く、下奴《げど》も亦天主教の道を奉ずる者、只管《ひたすら》先生の指導に遵《したが》ひ、決して勝手我儘《わがまま》の挙動を做《な》さざるなりと。乃ち商議一決して以て辞去すたりき。翌日朝餐を喫し訖《おわ》るや、渠《かれ》果して一罇《いっそん》の酒を携へ来て曰く、聊《いささ》か祝杯を傾け以て予《あらかじ》め勝利を祝せんと欲す、請《こ》ふ先生、一嚼《いっしゃく》して以て出発せん事を。余笑て杯を挙ぐ。三嚼《さんしゃく》して罷《や》(焉)む。乃ち服装を整ひ脇谷を随《したがえ》て以て門を出づ。実に是明治十一年六月十三日なりき。

其二

此時に当《あたり》て余の一行を送らんと欲す、横浜より團《だん》及び三好等の諸人を首《はじめ》とし其他の信徒陸続とし来会する者数十人の多きに上れり。随《したがっ》て亦附近の市民も之を喧伝し沿道に集合して以て回送する者も亦堵《かき》*18の如し。其状宛《あたか》も燕丹《えんたん》*19が荊軻《けいか》*20を送ると一般なりき。既にして脇谷を伴ひ本覚寺に踵《いた》り見れば早既に老若男女の雲集するを認む。龕《がん》＊21側には来聴者の履《くつ》を護する二人の奚奴《けいど》＊22あるを以て、余も亦履《くつ》を奚奴《けいど》に托して、以て堂に上りたり。時未だ巳牌《みはい》＊23ならざるに、来聴者既に堂内に充満して殆んど立錐《りっすい》の地なき有様なりき。故に暫時堂隅に佇立久之《ちょりつこれひさし》ふし、時に一僧の講筵《こうえん》＊24に上て説教する者あり。其左側に当て天文等象儀《とうしょうぎ》なる一器を安置すたり。盖《けだ》し天文等象儀は則佐田介石の創造に罹《かか》る器具にして、形状渾天儀《こんてんぎ》＊25に匹如し、而て太陽地球を循環するの装置と為すたる者なり。講筵《こうえん》の後方には一百又余人の僧侶輩、皆正装して待坐すける。緋服なる者あり、紫服なる者あり、其他黄緑種々の服装を為す。金襴綾羅《きんらんりょうら》＊26の袈裟《けさ》を懸け光彩絢爛幾《けんらんほと》んど百花一時に乱発すたる者の如し。其坐に接続して数十百人の世話役仕《し》候《こう》すたりき。盖《けだ》し世話役は僧等の命を奉じて事務を執《と》る者なり。皆袴を穿《うが》ち外套を被《き》る。其規模の盛大にして聴衆の夥多《かた》なるに至ては実に意度の外にありたり。然《しかれ》ども曽《かつ》て予期する所なれば之を眼中に措《お》かず、両手聴衆を排開して進み以て講筵《こうえん》を距《へだた》る前数歩の所に坐を占めたりき。既にして一僧退き更に一僧進て講筵《こうえん》に上る。身鼠色の法服を纏《まと》ひ皁色《そうしょく》＊27の袈裟《けさ》を懸け年歯《ねんし》＊28不惑《ふわく》許《ばかり》にして面貌淡黒を呈し風貌揚《あが》らずと雖ども態度深沈にして頗る気概ある者の如し。所謂《いわゆる》佐田介石なる者是なり。渠《かれ》傲然として聴衆を一睨《いちげい》し訖《おわ》り、徐《おもむろ》に開口一番して曰く、夫《そ》れ天者は平なり、地者は平なり、猶《な》ほ此等象儀《とうしょうぎ》の如し。釈尊の教も平にして人徳の本は平にあり。孔子の所謂《いわゆる》中庸の道は則平にして実に釈尊の教と其揆《き》を一にするは、古今賢哲の認むる所、戊辰開国以来泰西の文物を輸入するに及てや、虜僧《りょそう》*29輩も亦陸続として来朝し、機に乗じて邪教を宣布すたりき。随《したがっ》て売国の姦民《かんみん》*30等も亦之が爪牙《そうが》*31となり百方力を尽して布教荼毒《とどく》*32を天下に流すは有識者の憤慨する所云々と。縷々《るる》数百千言盛に耶蘇教を攻撃して亦餘蘊《ようん》あるなし。此に於てや余憤懣に堪へず、直《ただち》に駁撃《はくげき》せんと欲すと雖ども聴衆の障害たるを慮《おもんぱか》り、隠忍して以て説教の畢《おわ》るを俟《まつ》たりき。既にして渠《かれ》講筵を下らんや更に誇大の語を放ちて道《い》へらく、貧衲《ひんのう》*33の説く所に於て了解し得ざる者あらば、我が日本帝国は勿論《もちろん》、五大洲中の大学者大教師等は皆来り質疑すべし。衲《のう》不敏なりと雖ども応《まさ》に能《よ》く弁晰《べんせき》の労を厭はざるべし。一揖《いちゆう》*34して将《まさ》に講筵を下らんとする刹那、余は蹶然《けつぜん》として起立して曰く、吾人敢て質問せんと欲す、請ふ須臾《しゅゆ》*35の間俟《ま》つ給はん事を。渠《かれ》喫驚久之《これひさし》ふして曰く、質問せんと欲せば応《まさ》に書き物を以てすべしと。渠《かれ》傲言を吐くにも拘はず俄に退縮するを以て、更に励声《れいせい》一番之を責譲して曰く、足下《そっか》卑劣なり、質問せんと欲する者には直に弁晰《べんせき》すべしと云へるにあらずや。舌根《ぜっこん》未だ乾かざるに語を食《は》み、以て之を避回せんとす。人を欺くは仏者の常法手段たるべしと雖ども、抑《そもそも》衆の疑惑を解くに於ては其席に於て応《まさ》に答辯せらるべし、何ぞ必《かならず》しも書き物を要せんと。渠《かれ》飽まで答辯を避回せんと欲す、頻《しきり》に書き物々々と呼ぶに至れり。待坐する所の僧輩及び世話役等に至るまで皆之に和し、異口同語、書き物と連呼して止まざりき。是より先き脇谷は余の左側にありしが、直に半身を側《そばだ》て奮然として語て曰く、咄々《とつとつ》*36妖僧今や目黒順藏先生の質問に接して一言隻句の答弁し能はざるは其亡学魯推《ぼうがくろすい》*37なる推して知るべきのみ。安《いづくん》ぞ能《よ》く人を誨教《かいきょう》するを得ん。其説く所、皆誕妄不経《たんもうふきょう》*38にして毫も取るに足らざるなり。来聴者諸君に於ても亦応《まさ》に渠《かれ》の囈語《げいご》*39に蠱惑《こわく》せらるゝなかるべしと。言未だ訖《おわ》らざるに倏《たちま》ち一人あり。大声疾呼《しっこ》して曰く、彼の二人の者は耶蘇の徒なり。速《すみやか》に畳《たた》み了《おわら》せよ。蓋《けだ》し畳み了せよとは人を撲殺するを云へるなり。此時、早くも世話役等は余等二人を目して烟盆《えんぼん》香爐衝立《ついたて》等の什器《じゅうき》を把《と》り、手に任せて放擲《ほうてき》するを以て聴衆大に驚き、先を争て逃走すける。余は直に講筵を望て突進、佐田の法服を捉へて以て講筵より率《ひ》き下さんとするや、渠益《かれますます》驚き狼狽の極《きわみ》、自ら法服の袖を断て遁逃《とんとう》すたり。此に於てや余最早《もはや》是までなりと断念するのみならず、亦身の危険なるを悟り、急に身を廻して堂外に出でんとするや、夙《つと》既に畳を掲げ以て竪立《じゅりつ》する幾《ほと》んど障屏《しょうびょう》*40を囲繞《いじょう》すたる者の如し。蓋《けだ》し吾人の行路を遮断して、以て圧殺せんと図《はか》りたる者なりき。余は其間隙《かんげき》より脱出して堂を下り、曩《さ》きに托する所の履《くつ》を求めたれども奚奴《けいど》も亦驚きて逃走すたるを以て、自ら索縄《さくじょう》を断て之を穿《うが》ち、本堂を距《へだた》る町許鐘堂の下に到り佇立《ちょりつ》して、以て脇谷の還り来る俟《ま》つ久之《これひさし》ふし、蓋《けだ》し鐘堂は地盤より高き数仭《じん》にして頗《すこぶ》る望見に適すたるを以てなり。

其三

此時、堂の内外に於ける騒擾一層の劇《はげ》しきを加へ、衆庶の狼狽して遁逃《とんとう》せんとする者、亘《たがい》に相踏藉《とうせき》＊41して老幼は涕泣《ていきゅう》＊42し婦女は悲鳴す。紛尨《ふんぼう》＊43喧豗《けんかい》＊44の状、実に名状すべからざるなり。為めに龕《がん》前に陳列せる数十軒の店舗往々皆衆の傾倒する所となり、翫具菓物等の賈物《こぶつ》＊45皆散乱蹂践《じゅうせん》＊46に任せたりき。適《たまたま》有田某馳来《はせきたり》て曰く、小弟等先生を以て賊輩の手に斃《たお》れ給ふにあらずやと憂慮し百方捜索すける。今や無事なる顔を拝するを得、欣喜《きんき》に堪へず。脇谷は既に賊手に罹て大小数十所の創傷を負ひ、弟等数人と倶に救援して以て万死中に一生を免るゝを得たりき。此に於て余は始て脇谷の遭難すたるを知り、乃《すなわ》ち有田を随《したがえ》て寺院の厨房に至て、以て脇谷を見たり。渠《かれ》数ヶ所の創痍《そうい》を負ひたるにも拘はらず、毫も沮色《そしょく》＊47なく怒気勃々《ぼつぼつ》として、盛に僧輩及び世話役等を罵倒して已《や》まざりき。余之を慰諭《いゆ》して曰く、古来義の為めに遭難するは男子の常事敢て怪むに足らず。今や妖僧等に駆使せらるゝ悪漢に対して徒《いたずら》に口舌を費すも亦何等の裨益《ひえき》あるなし。今は警察の手を煩はして渠等《かれら》を逮捕し、以て懲膺《ちょうよう》すべきのみ。

乃《すなわ》ち保護を有田等数人に托して以て警察署に赴きたり。既にして寺院の門を出でんとするや、偶《たまたま》鈴木恒成なる者に邂逅《かいこう》す。盖《けだ》し鈴木は静岡の人、夙《つと》に天主教を奉じ且つ能弁を以て鳴る者なり。余を一揖《いちゆう》して語て曰く、今朝、的《てす》智《と》繆《びゅう》師の親書に接し卿《けい》を助て以て妖僧等を説服すべき命を領すたりき。故に横浜に抵《いた》り、同師に面晤《めんご》し訖《おわ》るや直に仂車《りきしゃ》*48を駕《が》し以て来りたると。此に於て余は其厚意を謝すると共に、百句を約して一句と為して、今日の出来事の顚《てん》末《まつ》を略陳し畢《おわ》り相携へて警察署に至り訴《うった》（焉）へたりき。警部某も大に驚き俄《にわか》に十余人の巡査を駆り集め本覚寺に臨みたり。佐田、稲垣の二僧を始め寺院の主僧其他の僧侶及び世話役等通計十余名を拘引すたり。是より先き主僧某なる者は年歯《ねんし》既に耳順《じじゅん》を踰《こ》へ市民尊称して丈《じょう》人《じん》*49と云へりとぞ。其出入に際しては必ず輿《こし》に駕すける。今や草履《ぞうり》を穿《うが》ちて蹌踉《そうろう》として巡査の後に蹇隨《けんずい》*50するを以て衆皆吃驚せざるはなし。故に人々競て其訊鞫《じんきく》*51の模様を見んと欲す。陸続として警察署に至り集まる者数百千人の多数に上り、巡査之を制止すれば去て復《ま》た萃《あつま》る、幾《ほと》んど蒼蠅《そうよう》の壊肉に萃《あつま》る者の如し。既にして警部は余に対して本覚寺に於ける騒擾の顚末を訊《と》ひたりき。余直《ただち》に之に答て曰《い》へらく、吾人は曽《かつ》て本県の小学校訓導に就職して聊《いささ》か国民教育の任に充《あた》るあり。謹て惟《おもんみ》るに朝廷夙《つと》に学校の政を振興して専ら力を国民の教育に効《いた》す者は即ち智識徳行の二道を奨勧《しょうかん》するにあり。即ち智識徳行の二道を奨勧するは則国民の徳性を養成するの大本にして、立国経営の基礎たるを以てなり。然るに今日、本覚寺に於て僧侶輩の説教する所、全く学校の政綱に反するのみならず、天文等象儀《とうしょうぎ》なる翫具を引証して天躰《てんたい》を以て平坦なる者と為す。説く所、固《もと》より慌誕不経《こうたんふきょう》にして有識者の一喙《いっかい》＊[52]に附し去るべしと雖ども、然《しかれ》ども愚夫愚婦に至ては心服する者も亦甚だ尠《すくな》からず。果して然らば国民教育上障害たるや多言を要せずして知るべし。加之《しかのみ》ならず渠等《かれら》は眇然《びょうぜん》＊[53]たる緇衣《しえ》＊[54]の身を以て畏《おそ》れ多くも天皇陛下に対し奉り袞裳《こんしょう》＊[55]に換ふるに胡服《こふく》＊[56]を以て正装と為す給ふは惑へるの甚しき者にして、要するに当路＊[57]の官吏輩が泰西の悪習に沈溺すたる結果なるを、敢て陛下を罵詈《ばり》し奉り憚《はばか》る所を知らざる者、大逆無道の所業と云はざるべからず。素《もとより》吾人は一介の書生なりと雖ども聊《いささ》か慷慨《こうがい》＊[58]の気を懐《いだ》く者、今日僧侶輩の説教を聴くに及ては平素の気質として黙視する能はず。理由を質議して之を官庁に稟請《ひんせい》＊[59]して以て将来を戒飭《かいちょく》＊[60]せんと欲す。豈《あに》計らんや吾人の質議に応ぜざるのみならず、数名の兇漢を使嗾《しそう》＊[61]して、以て衝立《ついたて》烟盆等の什器を抛擲《ほうてき》して危害を加へ、叨《みだり》に無辜《むこ》の良民を殴撃して創痍《そうい》を蒙らしむるに至ては実に不埒《ふらち》も亦甚しと云ふべし。畢竟渠等《ひっきょうかれら》は説教に假托して朝憲を誹謗し奉り、愚民を蠱惑《こわく》して荼毒《とどく》を社会に流すに過ぎず云々と。数十百言皆国家朝廷の大事にして亦一語の教法に渉《わた》るなし。此を以て警部も亦粛然として傾聴し一言隻句も反問する能はざりき。尋《つぎ》て鈴木、脇谷等順次に陳述すける。而して鈴木の陳する所、亦余の意に異ならずと雖ども、更に之を敷衍《ふえん》して詳密にして明快、幾《ほと》んど利刃《りじん》を以て乱麻を裁するが如き概《おもむき》ありき。最後、僧侶輩の訊問に及びたり。渠等《かれら》は講筵《こうえん》に於て説教するの弁力あるにも拘はらず、其態度を睹《み》るに恐怖の状動止に露《あら》はれ言語も亦囁《せつ》嚅《じゅ》*62として言ふ能はざるは実に笑止の至なりき。余は終局を告《つ》るを以て横浜に抵《いた》り、的智《てすと》繆《びゅう》師に観《まみえ》て以て本覚寺に於る事件の顛末を陳ずたるが故に、僧侶輩及び世話役等の処罰如何を詳《つまびらか》にする能はずと雖ども、伝聞する所によれば何れも皆違刑罪に附し、以て多少の罰金を課せられたると。肇《はじ》め渠等《かれら》は説教を開会するに先て招牌《しょうはい》*63を寺院の門側に掲げ、以て三日間説教するとの予告すたるにも拘はらず、余の抗議により半日を俟《ま》たずして中止すたるのみならず、学徳高博なりとの名誉あるの身を以て警吏の処罰を受る僇辱《びゅうじょく》を招きたるは、所謂《いわゆる》百日の説法放屁《ほうひ》一個なる者と云ふべき歟《や》。余は之に反して意想外の勝利を得たるを以て、同志輩の欣躍《きんやく》以て賀辞を呈するは勿論《もちろん》、プロテラント*64の異教徒に至るまで来り賀するに至れり。翌日に及てや、京浜の五大新聞を始め其他の新聞に至るまで皆倶《とも》に本覚寺の騒擾事件を掲載して、以て仏教徒の亡状なる始末を攻撃すたりき。尋《つぎ》て亦十余日経過の後、松林伯円なる講談師が横浜馬車道街の席亭《せきてい》に於て、本覚寺に於ける事件の顛末を演ずたりき。更に潤色を加ひ委曲繊詳《せんしょう》巧に当時の情況を悉《つく》せりとぞ。此に於てや余の名声益《ますます》高まり老幼男女販夫《はんぷ》*65賤《せん》卒《そつ》*66の輩《やから》に至るまで幾《ほと》んど余の姓名を知らざる者なき有様にして、街衢《がいく》*67を徃行《おうこう》するに及てや衆皆側目《そくもく》して視《み》るに至る。諸友、遭難せんを憂ひ交々《こもごも》勧むるに警戒するを以てす。余や漫然として顧みず。幸に亦事なくして罷《や》みぬ。

【註】

*1　浅間下　現在の横浜市西区浅間町。浅間神社の下。当時は橘樹郡芝生村。

*2　宣教　天主教（カトリック）の宣教をいう。

*3　餘蘊　余分の蓄え。「餘蘊あるなし」は包み隠すことをしないの意。

*4　遠邇　遠くと近く。遠近と同じ。

*5　巷閭　間はちまた、閭はさと。町や村、世間。

*6　的智繆教師　テストヴュイッド神父（TESTEVUIDE, Germain-Leger 一八四九〜一八九一）。第一部「目黒順蔵とその時代」の「14医師への道」五七頁参照。

*7　吾子　きみ、おまえ。目下の者に親しみをこめていう語。

*8　天主堂　横浜天主堂。一八六二（文久二）年一月、パリ外国宣教会のジラール神父によって献堂された開国後最初のカトリック教会。横浜外国人居留地八〇番地（現山下町八〇番地）にあったが、一九〇六（明治三十九）年に山手に移転して現在のカトリック山手教会となっている。

*9　輸贏　負け勝ち、勝敗。

*10　上帝　天主。キリスト教の全知全能の神。

*11　区々　小さい、取るに足らない、つまらない。

*12　卿　きみ、おんみ。人を呼ぶ尊称。

*13　碩儒　深く学問を究めた人。大学者。

＊14　鴻儒　大学者。碩学、碩儒と同じ。
＊15　軫念　御心。
＊16　卒爾　にわかに、不意に。
＊17　下奴　わたくし。自分を謙遜していう語。
＊18　堵　かきね。
＊19　燕丹　（前？〜前二二六）燕の太子・丹。中国戦国時代の燕の王族。姓は姞《きつ》。丹は諱。秦王政（始皇帝）を暗殺するために荊軻を秦へ送ったが失敗。前二二六年に秦王は丹追討のために燕に侵攻したが、燕王喜は丹を殺してその首を秦王に差し出すことで赦された。
＊20　荊軻　（前？〜前二二七）中国戦国時代の刺客。読書撃剣を好み、燕丹に招かれて客となり荊卿と呼ばれた。秦によって侵略された土地を取り戻すか秦王政を刺殺することを燕丹に頼まれて出発する。荊軻の見送りは盛大をきわめたという。易水《えきすい》のほとりで燕丹らと別れるとき「風蕭蕭《しょうしょう》として易水寒し、壮士一たび去ってまた還らず」と歌った。結局、彼は秦王に謁してこれを殺そうとしたが逆に殺されてしまった。
＊21　龕　寺院の塔。
＊22　奚奴　しもべ、召使。
＊23　巳牌　巳の刻、午前十時。
＊24　講筵　講話や講演をする席。
＊25　渾天儀　むかし中国で天の形を描き表わして日月星辰の運行を測定するのに用いた機器。今日の地球儀に似る。
＊26　金襴綾羅　金襴は錦の類、横にひら金を織って地とし絹糸で模様を表わしたもの。綾羅はあや絹とうす絹。
＊27　皁色　黒色。
＊28　年歯　とし、年齢。
＊29　虜僧　えびすの僧。キリスト教宣教師の蔑称。
＊30　姦民　よこしまな民、奸民。
＊31　爪牙　主人や君主を助け守る臣や仲間。
＊32　荼毒　荼は苦菜《にがな》。味苦くものを殺すことから害毒の意。
＊33　貧衲　衲は僧侶の衣。転じて僧侶。貧衲は僧侶が自分を謙遜していう語。
＊34　一揖　揖は会釈。一揖は一回かるく頭をさげること。

＊35　須臾　わずかの時間、しばらく。
＊36　咄々　意外なことに驚いて発する声。おやおや。
＊37　亡学魯推　無学で推察力が鈍い。
＊38　誕妄不経　誕妄は真実でないことば。不経は筋が通らぬこと。
＊39　囈語　たわごと、うわごと。
＊40　障屏　障子と屏風。
＊41　踏藉　踏む、踏みつける。
＊42　涕泣　涙を流して泣く。
＊43　紛彤　入り乱れること。
＊44　喧豗　やかましい声。
＊45　貰物　商品。
＊46　蹂践　踏みにじる。
＊47　沮色　くじけた顔色。
＊48　仂車　人力車。
＊49　丈人　長老に対する敬称。
＊50　蹇随　不自由な片足を引きずりながらついて行く。
＊51　訊鞫　きびしく問いただす。
＊52　一喙　喙はくちばし。「一喙に附す」は軽くはねつけるの意。
＊53　眇然　ちっぽけなさま。
＊54　緇衣　坊さんの黒い衣。転じて僧侶。
＊55　衰裳　天子の礼服。巻き龍の刺繍をした黒い衣服。
＊56　胡服　胡人《えびす》の服。
＊57　当路　政治をとる立場。政治上、枢要な立場にあること。
＊58　慷慨　国家や社会の状態を憤り嘆く。
＊59　稟請　上に申し立てて願い求める。
＊60　戒飭　いましめ教える。
＊61　使嗾　おだてる。けしかける。
＊62　囁嚅　ものを言いかけて口をつぐむ様子。
＊63　招牌　看板。
＊64　プロテラント　プロテスタント。
＊65　販夫　行商人。
＊66　賤卒　賤しいしもべ。
＊67　街衢　ちまた。町中の賑やかな所。

古川病院を辞して田代に赴きたる理由の紀事

順蔵が病院長として栄転した古川は学問武芸に秀で才気煥発な論客そろいの土地であった。彼らは自由民権を唱導し青年たちを鼓吹し青年団が結成されていた。間もなく青年たちは順蔵を頼り、また順蔵も真摯にこれを受け止めた。一方、病院で順蔵は無料診療、時間外診療も行なったので患者は門前市をなすありさまであった。それが村民や青年を扇動するものとされ仙台への転勤を命じられた。そこに至って順蔵は古川で開院する道を選び、結果、田代島に赴くこととなった。

余は古川病院[*1]へ赴任以来、金成善左衛門《かんなりぜんざえもん》[*2]、千葉良純《りょうじゅん》[*3]の二氏と交際するを以て、名声頓《とみ》に揚り、随《したがっ》て亦市民の治を乞ふ者も益《ますます》増加すたりき。蓋《けだ》し金成は仙台の人にして当時、志田玉造《だたまつくり》両郡長の職にあり。千葉は古川の人にして小学校長の職にあり、皆倶《とも》に資性豪放にして頗《すこぶ》る任侠の風あり。加之《しかのみ》ならず度量広大なるを以て博《ひろ》く市民の心を収めたりき。特にも千葉は漢学に造詣深きを以て衆の尊信する所となり、人々皆先生と称し其姓名を呼ぶ者なかりき。適《たまたま》千葉は小学校長の職を辞すたるを以て、若生《わこう》精一郎*4其職を襲《おそ》ひたり。蓋《けだ》し若生《わこう》は仙台の人にして漢学に於ては固《もと》より千葉の冨殖《ふしょく》なるには及ばずと雖ども、然《しかれ》ども才華《さいか》俊発《しゅんぱつ》口弁流暢《りゅうちょう》にして殊にも交際の道に長ずたりき。余の未だ親しく交らざるに先《さきだ》ち盛に余の学徳を賛揚すたるが如き如何に渠《かれ》が交際の道に巧なる乎《や》を推知すべし。而して渠《かれ》は只管《ひたすら》力を交際上に用ひ、以て市民の心を収攬《しゅうらん》するに努め、既にして衆の漸く帰服するに及てや、仙台より腹心の徒《ともがら》を率ひ来て之を小学教員に撰擢《せんたく》して、以て生徒の授業に充て、而して己《おのれ》は終日僑居《きょうきょ》にありて来客に応接する歟《か》、或は時に政談演説に従事するに過ぎざるのみ。此時に当て金成善左衛門職を罷《や》めたるを以て、秋山峻《たかし》*5なる者新に就職すたりと雖ども、権威逈《はるか》に若生に如《し》かざるを以て、若生の部下なる教員岩淵仙之助《いわぶちせんのすけ》*6の如きは頗《すこぶ》る跋扈《ばっこ》を逞《たくまし》うし意に称《かな》はざる同僚輩を排斥して毫も憚《はばか》る所なきに至ると云へるとぞ。蓋《けだ》し岩淵は仙台の人、若生が唯一の股肱《ここう》*7にして身教員たるにも拘はらず、自由民権の説を唱導して只管《ひたすら》青年輩を鼓吹《こすい》し、以て先務と為すたりき。此を以て青年輩は往々《おうおう》皆感化する所となり、相率《ひきい》て自由民権の思想を養成するに至れり。適《たまたま》若生は病を以て職を退き、尋《つぎ》て又岩淵仙之助も職を罷《や》め仙台に帰りたるを以て、青年団は俄《にわか》に首領を失ひ、終《つい》には余を推戴して指揮を乞ふに至れり。余も亦敢て之を拒まず、導くに操行堅実にして真摯《しんし》を以てせり。然れども青年輩は客気横溢《かっきおういつ》にして動《やや》もすれば粗暴の挙に出る者も亦往々尠《おうおうすくな》からず。是より先き若生が小学校長の職を辞すたるを以て、小川則要《そくよう》*8仙台より来り代《かわり》て校長の職を襲《おそ》ひたり。時に青年輩は陸続之を訪て其意見を質すたりき。小川の意見は固《もと》より吾人の得て知る所にあらずと雖ども青年輩の心を攬《と》る能はざるのみならず、却て反抗心を挑発すたる者ならん歟《や》。故に青年輩は交《こもごも》起《たち》て小川に反抗し、終《つい》には辞職を勧告するに至れりとぞ。此に於て小川も亦其煩累《はんるい》に堪へず、自ら職を捐《す》て去るに至れり。時に、余家事を以て仙台に帰るや、適《たまたま》岩淵仙之助が眞山寛《まやまかん》*9、西大條《にしおおえだ》規《ただし》*10の両人を伴ひ来る。蓋《けだ》し真山、西大條の両人は倶《とも》に小学校長にして仙台有数の教育家なりと云へり。余之を室に延《ひ》きて面晤《めんご》するや、渠《かれ》謹み語て曰く、先日小川則要氏が古川小学校長の職を退きたるを以て、更に亦佐藤時彦《さとうときよし》を選定して以て赴任せしめんと欲す、卿意《けいい》果して如何と。蓋《けだ》し佐藤は久しく仙台立街《たちまち》小学校長にありて民望の高かゝりし者なり。余之に答て曰く、吾人は病院の医員にして唯刀圭《とうけい》*11に従事するのみ。何ぞ必すも学校長の進退に関するを得んと。謂《いう》未だ訖《おわ》らず、再び語《かたり》て曰く、今日に方《あたり》て古川市政の実権正に卿《けい》の掌中にあり。故に予《あらかじ》め卿意の存する所を認め、以て措置せんと欲するなり。此に於てや余は始て勢力の郡長町長等の上に超絶するを知り、惕然《てきぜん》*12として自ら懼《おそ》る、念を生じたりき。既にして眞山、西大條の両人と誓て曰く、吾人は当路の職員にあらざれば固《もと》より校長の適否を議する権能なきは勿論なりと雖ども、然ども青年輩の挙動に対しては篤《あつ》く訓戒を加へて以て再び小川氏に於けるが如き所業を為さしむる勿《なか》るべしと。蓋《けだ》し余の勢力熾甚《しじん》にして既に郡長の右に軼駕《おうが》するに至りたるは一見栄誉の如くなれども決して然らず。為に郡長秋山峻の猜忌《さいき》を招き、終《つい》に以て職を退くの已《や》むべからざるに至る者、職《しょく》として*13之に胚胎《はいたい》せずにあるべからず。既にして駒隙永逝《くげきえいせい》*14六月も中浣《ちゅうかん》*15ならんとするや、一日下飯坂秀治《しもいいざかしゅうじ》*16の手柬《しゅかん》*17に接すたりき。之を閲《けみ》すれば果して郡長秋山が宮城病院長立花良銓《たちばなりょうせん》*18に見《まみえ》て、以て讒搆《ざんこう》*19を逞《たくまし》うして本院に転院せしむとぞ。卿《けい》も亦応《まさ》に此意を躰《たい》して後図《こうと》*20の策を搆《こう》ずべしとの意なり。蓋《けだ》し下飯坂は故須田平左衛門*21君の股肱《ここう》にして余も亦旧交ある者なり。尋《つぎ》て鈴木亦人《またんど》*22も亦一通の書牘《しょとく》を寄送すたり。其意は下飯坂の手柬《しゅかん》の如しと雖ども末章訓戒的の語ありき。此に於て余、一日間に於て前後二友人の手柬《しゅかん》に接すたるを以て委曲《いきょく》秋山の姦計を悉《つく》すに至る。適《たまたま》秋山は書を裁して以て余の臨躅《りんちょく》*23を乞へければ、余は之を好機に其陰謀を責めんと欲す。直に秋山の僑居に抵《いた》る。時に渠《かれ》は席を中央に占め、右側に当て数人の郡吏輩待坐すたりき。余の席に就くを俟《まっ》て徐《おもむろ》に語《かたり》て曰へらく、貴下の臨躅《りんちょく》を乞へたる所以《ゆえん》は他事にあらず。今回不肖《ふしょう》公事を以て県庁に詣るや貴下に於ては宮城病院へ栄転せらる、と聞く。卒然《そつぜん》[24]として訓令に接するに於ては如何に惶惑《こうわく》[25]し給はんを慮《おもんぱか》り、予め伝言して以て平素の交誼に報ぜんと欲するなりと。此に於てや余奮然として責《せめ》て曰く、足下《そっか》囈語《げいご》を弄する勿《なか》れ、貴下は院長立花良詮《たちばなりょうせん》に見《まみ》へて百方搆成すたりと。某氏之を認て吾人に報し来るを以て業既《すで》に其顚末を悉《つく》すたりき。盖《けだ》し帽子とは白石勇三郎の事にして、始め古川分病院の計吏なり。後宮城医学校の胥吏《しょり》に転任すたる者なり。即ち白石は秋山が余を讒搆《ざんこう》するを認めて以て下飯坂に報ずたるなり。今や足下《そっか》は竊《ひそか》に讒搆《ざんこう》を逞《たくまし》うすたるに拘はらず、靦然《てんぜん》[26]として毫も関与せざるが如く粧《よそお》ひ恩を售《う》り徳を鬻《ひさ》[27]ぎ、巧言以て吾人を翫弄《がんろう》せんとす。斯《かく》の如きこう狡獪《こうかい》にして陋劣《ろうれつ》なる所業は野人匹夫《ひっぷ》も做《な》すを屑《いさぎよし》とせざる所、苟《いやしく》も身郡長の職に居る者にして之を做《な》すとは衷心《ちゅうしん》之を疚《やま》しとせざる歟《か》と、席を叩て責むれば渠矍然《かれかくぜん》[28]として駭惧《がいぐ》、亦一語をも措《お》く能はざりき。待坐する所の郡吏輩は皆色を失し、沈黙して呆視《ぼうし》するのみ。余は更に大喝《たいかつ》して曰く、姦慝《かんとく》[29]足下《そっか》の如き者と語を交ゆるも亦屑《いさぎよし》とせず。蹶然《けつぜん》席を蹴て去る。翌日に及て此事蚤《はや》くも世間に喧伝すたるを以て、衆皆秋山の非徳を鳴さざる者はなし。特にも青年団の首魁《しゅかい》たる早坂千三郎、佐々木與一郎等は大に秋山の姦慝《かんとく》を憤り、相率て其僑居《きょうきょ》に抵《いた》る。盖《けだ》し其所業を攻め、以て辞職を勧告せんと欲するなり。渠《かれ》之を伝聞して大に驚き壮丁をして門戸を衛《まもら》しめ寸歩をも内門に入るを許さず。此に於て郡衙《ぐんが》*30に詣て会見せんと欲すれば則郡吏をして固く拒絶せしむ。故に已《や》むを得ず登庁の路に要して責譲《せきじょう》*31を加へんとするや、渠《かれ》は蚤《はや》くも亦之を諜して益《ますます》警戒を厳にし、出入するに当てや数人の壮夫を雇ひ入て警護するに至れりとぞ。又一方に於ては星合富賀《ほしあいとみか》*32、松木安友《まつきやすとも》*33等の諸人首唱となり、数多の有志者会合して余の転任を抑止せんと図り、乃《すなわ》ち一通の奏状を作り、以て市民の署名を求めたりき。此時に当て市民の署名すたる者、一日にして無慮《むりょ》三千八百余人の多数に上れりとぞ。乃《すなわ》ち星合、松木の両人、市民を代表して出発せんとするや、適《たまたま》千葉良純更に其奏状を訂正して、以て森厳《しんげん》荘重なる文章と為す。文意愷切《がいせつ》*34、幾《ほと》んど蘇《そ》轍《てつ》*35が呂恵卿《りょけいけい》*36を弾劾すたる奏議の如し。倉皇《そうこう》として之を携へて県庁に詣て、以て奏呈すたりと云ふ。更に亦奥羽新聞社に社長怡土信吉《いどしんきち》*37を見て奏状の謄本を示し、以て新聞紙に掲載せんを求めたりき。怡土一覧憚（焉）り為めに知事に観《まみえ》て其意を徴すたり。知事果して許さざるを以て、終に掲載するを罷《や》めたりと云へり。此時に方《あたり》て秋山の声望全く地に墜つ。法衙《ほうが》*38を始め警察署、小学校、町役場の官公吏職員の輩に至るまで皆悪《にくみ》て排除せんと欲せざるはなし。而て秋山を援護せんと欲する者は僅《わずか》に七十七国立銀行古川支店長齊藤某なる者及び二三の商《しょう》賈《こ》*39あるに過ぎざるのみ。蓋《けだ》し秋山が余を排除して以て勢力を挽回せんと図りたる陰謀姦策暴露し、以て己の声誉を失墜すたるのみならず、今は一身の地位をも危殆《きたい》ならしむるに至りたるは実に笑止の沙汰と云ふべけれ。既にして数日経過の後、果して県庁の訓令に接したり。予期の如く余は宮城病院へ転任せられ、秋山は本吉郡に転任せらる。尋《つぎ》て亦罷免せらる、と云ふ。而して警察署長茂貫利貞《もぬきとしさだ》*40も亦罷免せらる。蓋《けだ》し茂貫は余に党援*41したる疑を受るを以てなり。新妻胤清《にっつまたねきよ》も亦罷免の厄を蒙むれり。蓋《けだ》し新妻は旧交の好あるを以て推薦の労を秉《と》り、古川分病院の医員に就職せしめたる者なり。七十七国立銀行古川支店長たる齊藤某なる者も亦罷免せらる。渠《かれ》は秋山の党援となり市民をして激昂せしめ紛擾《ふんじょう》を起すたる過失あるを認め、県庁に於ては命を頭取遠藤敬止《えんどうけいし》*42に下して支店長の職を褫除《ちじょ》して、以て放逐すたりと。是より先き、金成善左衛門《かんなりぜんざえもん》は余の宮城病院へ転任せらると聞くに及てや、直に古川に来り余に見て勧むるに、職を抛《なげうち》て独立開業すべきを以てせり。星合《ほしあい》等の有志者も亦賛同して開業を勧誘する者多数なりき。故に其意に随ひ自ら職を退き仙台より家眷《かけん》*43を招致して茂木の家に僦居《しゅうきょ》*44し、以て医業を創設すたりき。此時、小山海平《おやまかいへい》*45なる者、余に代て分病院長の職を襲ひたりと雖《いえ》ども、治療を受る者殆んど之なく一月を経過して僅《わずか》に三人の患者あるに過ぎずと云へり。余は之に反して開業当日より患者雲集して門前市を為すの有様なりき。適《たまたま》鈴木亦人一書を寄送して以て余の来仙を請求し来れり。尋《つぎ》て猪俣鳳作《いのまたほうさく》*46を使として古川に迎へしむ。余已《やむ》を得ず仙台に赴きたり。渠《かれ》喜び余を邀《むかえ》て曰く、卿の古川に於て開業するは小山に抗するにあらずして知事に抗する者なり。狂漢金成善左衛門と倶《とも》に結託して、以て知事に抵抗するは果して何の意ぞや。為に佐伯眞満《さえきしんまん》*47氏に於ては頗《すこぶ》る困阨《こんやく》*48を蒙むれり。蓋《けだ》し佐伯は故須田平左衛門《すだへいざえもん》君の親昵《しんじつ》なる友人にして当時衛生課長の職にあり。曽《かつ》て余を推薦して宮城病院へ就職せしめたる者なりき。卿の徳行家にして恩誼ある佐伯に困阨《こんやく》を蒙むらしむる、殆んど恩に報るに讐《あだ》を以てする所業にして吾人の左袒《さたん》*49し能はざる所なり。今や倖《さいわい》にも田代*50に於て一人の医伯を聘《め》し、以て村民の治療を托せんと欲す。同村の総代たる阿部久八郎なる者、現に僕の家に寄寓せり。卿寧《むし》ろ古川を去て田代に至るの勝るに如《し》かざるなりと。蓋《けだ》し佐伯の意を承け以て古川を退去せしめんとの術策にして、余も亦之を知らざるにあらずと雖《いえ》ども、佐伯をして困阨《こんやく》を蒙らしむるは余の性質として忍ぶ能はざる所、故に余は遂に鈴木の意を入れ、以て田代に抵《いた》り開業するに決すたりき。実に是明治十六年六月十五日なり。

【註】

＊1　古川病院　宮城病院（仙台医学専門学校の実習病院）の古川分局として宮城県古川（現奥州市古川）に設置された。

＊2　金成善左衛門（一八三九～一九一五）戊辰の志士。号は眞齊。漢学の造詣深く詩に長じた。明治十一年宮城県志田郡、玉造郡郡長に任ぜられるが、自由民権運動が盛んになるとみずから民衆の範たらんと称して人力車夫となる。人々は皆その奇行に驚く。明治十五年六月『東北自由新聞』を発行し自由民権説を鼓吹する。佐和正、竹内壽貞らが東京で仕官することを勧めたがこれに応ぜず。大正四年一月十七日東京に歿す。宗禅寺（仙台市長町宮沢）に葬る。

＊3　千葉良純（一八四五～一九一五）文筆家。漢方医。諱は毅。号は東海または碩果。漢学に秀で当時、小川則要、木村敏、近藤親民とともに四大文章家と称せられた。宮城師範学校卒業後、仙台東二番丁小学校、古川小学校、石巻小学校各校長を歴任。老後、仙台文庫を主宰した。大正四年七月三日歿。瑞川寺（古川）に葬る。

＊4　若生精一郎（一八四八～一八八二）戊辰の志士若生文十郎の弟。号は鐵庵。宮城師範学校を卒業し、仙台培根小学校（木町通小学校）、ついで古川小学校の校長に任じられたが、早くして職を退き同志とともに『宮城日報』を発行し推されて社長となった。また本立社という政治結社を興し自由民権を主張した。板垣退助の愛国社にも加わり、板垣と親交を結んだ。若生は朝鮮の独立が急務であることを持論としたが、これに賛同するものはなかった。東北の自由民権運動の勃興には若生の力に負うところが多いが、惜しむらくは三十五歳で早世した。明治十五年三月二十五日歿。大聖寺（仙台市東三番丁）に葬る。

＊5　秋山峻（一八三八～一九一七）初名は茂誠。通称は梅之助就門。号は神川または静巖。登米邑主伊達氏に仕え家老となり邑政に参画する。戊辰の役では邑兵を率いて会津に進軍した。西南の役にも従軍。明治十二年、宮城県議会議員となる。ついで志田・玉造郡長に任ぜられ、明治十五年、本吉郡長となる。明治二十年ふたたび県会議員となる。大正六年三月六日歿。本覚寺（宮城県登米町）に葬る。

＊6　**岩淵仙之助**　（一八五五〜一九〇五）仙台における初期の自由党員として有名。のち政界を去って土木事業に従事した。明治三十八年十二月二十日歿。松源寺（仙台市土樋）に葬る。

＊7　**股肱**　股《もも》とひじ。手足。主人のためにその手足となって仕える子分、家来。

＊8　**小川則要**　（一八五一〜一九三一）通称源吉。号は廣湍。儒学を国分松嶼、太田三峡に学ぶ。朱子学を奉じ、文は孟子、韓非子に私淑した。宮城師範学校を卒業後、古川小学校、石巻小学校各校長を経て東京帝国大学漢文科に入り岡松甕谷博士に師事する。中村敬宇、重野成齊、三島中洲、南摩羽峰ら、みな小川を大器と認める。のち宮城師範学校長、新潟県頸城郡針中学校長を務める。晩年は仙台東北中学校で教える。昭和六年一月二十三日台北市の客舎に歿す。

＊9　**眞山寛**　（一八五五〜一八九六）通称寛之丞。号は槐蔭。はじめ岡千仞に学び、ついで伝習学校で教授法を修め仙台片平丁小学校訓導となる。明治十年、西南の役に従軍。その後、教職に復帰し仙台外記丁小学校、東二番丁小学校各校長を務めた。その間、とくに旧弊を改めることに意を用い、ま後進の指導にも力を注いだ。仙台教育会を創始したほか教育義会を興すなど宮城県の教育振興に貢献するところ大なるものがあった。明治二十九年十二月二十八日歿。松音寺（仙台市新寺小路）に葬る。

＊10　**西大條規**　佐藤時彦（一八四四〜一九〇八）又兵衛または泰三郎と称した。号は濵北または松軒。仙台外記丁小学校、中新田小学校、登米小学校、志津川小学校、仙台立町小学校、古川小学校各校長を歴任した後、宮城県農学校教諭となる。明治四十一年一月二十五日歿。江巖寺（仙台市北八番丁）に葬る。

＊11　**刀圭**　薬を盛るさじ。転じて医師。

＊12　**惕然**　恥じ畏れる様子。

＊13　**職として**　もとより、もっぱら、主として。

＊14　**駒隙永逝**　時の流れは早く永久に過ぎ去る。

＊15　**中浣**　中旬。

＊16　**下飯坂秀治**　（一八五〇〜一九一六）号は春江。奥羽新聞創立当時の記者。仙台医学校幹事を務めた。著書に『仙臺藩祖成績』『仙臺藩戊辰史』がある。大正五年七月十七日歿。林松院（仙台市新寺小路）に葬

る。
＊17　手柬　手紙。
＊18　立花良詮（生歿年不詳）内科医。赤星研造の後を受けて宮城医学校長となり宮城病院長を兼務。明治十五年コレラの流行に際して患者の治療に尽力した。
＊19　讒構　悪しざまに告げて人を陥れること。
＊20　後図　後のはかりごと。後日の計。
＊21　須田平左衛門（一八四一〜一八七八）諱は實生。明治元年、佐藤秀六、一條十郎らとともに国政の改革を建議するが、国事を誤るの徒と目され、しばしば捕吏に追われる。生地仙台五橋《いつつばし》の名を借りて五橋須平を名乗り、各地に潜伏した。明治五年、相愛社を興し活版印刷の業を始めた。明治六年『東北新聞』を発行。のち『仙臺日日新聞』『陸羽日日新聞』と改題する。また第七十七国立銀行の創設を企画し、あるいは政談演説会を開いて平民主義を鼓吹するなど、当時の先覚者と称せられた。明治十一年春、新聞事件で入獄し、五月二十五日獄中で自刃し、翌二十六日果てた。行年三十八歳。愚鈍院（仙台新寺小路）に葬る。
＊22　鈴木亦人（一八四七〜一八九七）第一部「目黒順蔵とその時代」の「6東京へ」三〇頁参照。
＊23　臨躅　上位の者がその場に行くこと。
＊24　卒然　にわかに、突然。
＊25　惶惑　おそれ惑う。
＊26　靦然　恥じることもなく。厚かましくも。
＊27　鬻ぐ　欺く。売る。
＊28　矍然　驚いてきょろきょろ左右を見るさま。
＊29　姦慝　悪だくみ。
＊30　郡衙　郡役所。
＊31　責譲　責め咎める。
＊32　星合富賀（一八四六〜一九〇九）志田郡古川の人。政界に名があった。のち仙台遊郭二業取締を務めた。明治四十二年三月十八日歿。松音寺（仙台新寺小路）に葬る。
＊33　松木安友（一八五二〜一九一二）志田郡古川の人。広く町政に与り、町会議員、郡会議員、郡参事会員などを務めた。町政および民生への貢献著しくしばしば褒賞を受けた。明治四十五年一月十五日歿。瑞川寺（古川）に葬る。
＊34　愷切　柔らか。懇篤。

＊35　蘇轍　（一〇三九～一一一二）宋の官僚。文章家としては唐宋八家の一に数えられる。性剛直で直言を憚らなかった。一〇七〇年、制置三司条例司に属していたが、王安石の改革を巡って新法党の呂惠卿と意見が合わず、これを弾劾する奏上文を書く。ために河南府推官（次官）に左遷され、官僚としては不遇であった。著書に『欒城文集』『春秋伝』『老子解』などがある。

＊36　呂惠卿　（一〇三二～一一一一）北宋の政治家。王安石の信頼を得て政治改革のために抜擢され、王安石新法の中心であった司農寺の長官となった。副宰相となったが、王安石の意に反して新法をゆがめた。王安石の改革の失敗は呂惠卿に起因するという。

＊37　怡土信吉　（一八四九～一九〇三）筑前福岡の人。幼にして学を好み、倉富篤堂、重富縄山について学ぶ。明治三年、稽古村荘を開いて子弟を教授。明治五年、東京に出て諸名士と交際。明治十年、石井南橋の推薦により仙台新聞社の社長兼主筆となる。以後、社業を拡張し山形・福島に支局を開設。明治十六年、社名を奥羽日日新聞社と改めた。のち内務省に入り、明治三十六年八月十二日、東京にて歿。郷里福岡に葬る。

＊38　法衙　司法関係の役所。

＊39　商賈　商人。商は行商、賈は店あきない。

＊40　茂貫利貞　（一八三七～一九〇一）仙台藩士茂貫橘洲の子。塩竈法蓮寺の役僧から仙台北六番丁薬本寺（廃寺）の住職となる。還俗ののち明治十二年、宮城県会議員となる。松平県令に抜擢されて宮城県警部に任じられ、古川警察署長となる。のち古川町長となり、その後ふたたび県会議員に選ばれ、同参事会員に挙げられる。明治三十四年十月二十日歿。満勝寺（仙台北八番丁）に葬る。

＊41　党援　熱心に応援する。

＊42　遠藤敬止　（一八四九～一九〇四）会津若松藩士。戊辰の役では若松城の守備に当たり身に数か所の傷を負った。役後、捕われて芝増上寺に幽閉されたが明治三年に釈放された。国富の基は商業にあると考え欧米の商法を研究し、大蔵省銀行事務講習所講師に任ぜられた。明治十七年、第七十七国立銀行が設立されると招かれて頭取となり、また仙台商業会議所会頭と

なった。仙台市収入役に選ばれること数回、市財政の確立に貢献した。明治三十七年六月十五日歿。充国寺（仙台新坂通）に葬る。

＊43　家眷　家族。

＊44　僦居　借家住まい。

＊45　小山海平　（生歿年不詳）福岡県の人。東京帝国大学別科卒。明治十五年、宮城病院医師兼医学校教諭。翌十六年、目黒順蔵の後を継いで古川病院長となる。のち刈田郡白石病院長を務めた。

＊46　猪俣鳳作　（一八五三〜一九一〇）代々仙台藩医員。鳳作は第九代。明治四十三年五月七日刈田郡齊川にて歿。佛眼寺（仙台荒町）に葬る。

＊47　佐伯眞満　（一八四四〜一八九四）詩人として著名。羽後の人。号は羽北、別号を全唐詩閣という。明治七年戸籍寮に出仕し、次いで水沢・磐井に職を奉じた。宮城県に移り諸職を歴任し衛生課長となる。のち奥羽水陸運輸会社社長となり物流に携わった。登米郡長に栄進し、教育、農業振興、治水に力を注ぎ郡民の尊敬を集めた。明治二十七年二月十七日歿。覚範寺（仙台北山）に葬る。著書に『羽北遺稿』がある。

＊48　困阨　災難、難儀。

＊49　左袒　左の片はだを脱ぐ。転じて加勢する、味方する。

＊50　田代　田代島。宮城県仙台湾に浮かぶ島。石巻市に属する。古来、島民の多くは漁業に従事。

金華山を游覧すたる紀事

金華山は牡鹿半島の突端に位置する離れ小島で航路の要所であった。沖合は親潮と黒潮が合流する豊かな漁場で知られる。岬には古くから灯台があり、山頂には航海の安全と大漁を祈願して黄金山神社が祀られている。順蔵は五月の例祭に田代島の村民たちのお礼参りに同行する。金華山の風光に漢詩を能くする順蔵の詩心がおどった。

黄金山《こがねやま》神祠《しんし》の例祭は毎歳五月初巳の日をとして挙行すける。此時に当てや牡鹿《おしか》沿海の村民、漁業を以て生計を営む者は皆禱賽《とうさい》して以て大漁を乞はざるはなし。田代に於ても然り。而て資産の稍《やや》豊なる者は皆業を休て禱賽[*1]するを恒例と為す。余之を機とし禱賽者と同住して金華山[*2]の勝を探らんと欲す。之を素封家阿部久八郎に議すたりき。同氏大に賛同するのみならず余をして大献膳《だいけんぜん》の代表者たらしむ。盖《けだ》し献膳に三種の別あり。祭祠料金三円を納むるを大献膳と云ひ、金二円を納むるを中献膳と云ひ、金一円を納むるを小献膳と云ふ。而て大献膳は最も優待懇遇するのみならず饗応も亦優渥《ゆうあく》なりと云へりとぞ。既にして余、同賽者一行と与《とも》に小艇を艤《ぎ》して田代を発す。舟行五里許《ばかり》にして鮎川《あゆかわ》*3に上陸、復た往《ゆ》く半里、山鳥渡《やまどりわたし》*4に抵《いた》る。更に船《ふね》を拏《だ》して金華山の埠頭に上りたりき。既に見る喬杉《きょうさん》*5長松《ちょうしょう》路を挟て林立するを。左方一町許《ばかり》に当て麋鹿《びろく》*6の群集するを認む。一行の至るを見るや急遽遁逃《とんとう》すける。蓋《けだ》し灯台の吏員等が叨《みだり》に鋭殺すたる結果、人を見れば直に逃竄《とうざん》するに至れりと云へり。登る数町許《ばかり》にして一大華表*7を獲《え》たり。之を過れば金華山欽然《きんぜん》*8として前に当るを睹《み》る。高さ数百千仭《じん》、華表以内数十弓にして随身門*9に入る。高爽《こうそう》*10にして翼燿《よくよう》*11頗《すこぶ》る偉麗を極む。祠堂は往歳《おうさい》*12祝《しゅく》融《ゆう》*13の災に罹り今は烏有《うゆう》*14に帰すたり。右方に当て一大廈屋《かおく》の新築せらるゝを見る。即ち賽《さい》客《かく》*15の憩息及び宿泊所なりき。既にして余等一行の至るや須臾《しゅゆ》にして祝史《はふり》*16は部下数人を率ひ来り、以て献膳の儀を挙行すける。儀訖《おわ》るや更に宏壮なる室に於て最も鄭重なる饗応を得たり。盤上種々の烹飪《ほうじん》*17を案擺《あんばい》*18す。而て毎一人三盤を供す、諺に所謂《いわゆる》三的膳なる盛饗なりき。然ども調理すたる烹飪は皆蔬菜及び菌蕈《きんじん》*19の類にして膏膩《こうじ》*20の滋味なきを以て稍《やや》口に適せざるありと雖ども精進調理の最上たるを失はざるなり。時未牌《みはい》*21を過るを以て一行の禱賽者《とうさいしゃ》皆帰路に就きたりと雖《いえ》ども、一行中の一人なる阿部市郎も亦金華山を探討せんと欲す。余と倶《とも》に止り宿すたり。翌日天明*22蓐食《じょくしょく》*23して宿を発し、一介の壮丁をして導と為し、直に山路に就く。樹木森爵《しんじゃく》*24として天に攙《さ》し仰て曦景《ぎけい》*25を見ず。路《みち》も亦険峻*26なりき。余素《もと》より勝具に乏《とぼし》からずと雖ども頗る疲郄《ひげき》*27に勝《た》へず。之に反して壮丁は雄健なるのみならず嚮導《きょうどう》*28に狃《な》るゝを以て登頓《とうとん》*29夷《えびす》の如し。余気を作して其跡を尾す。或は巌角《いわかど》を攀《のぼ》り、或は葛藤を援《ひ》き透邐《いり》*30匍匐《ほふく》*31、手と足と倶《とも》に歩す。寖《ようや》くにして其絶頂に造《いた》りたりき。山頂平夷《へいい》にして一小祠を安置すたり。此日や雲霧密布して四顧晦冥《かいめい》*32、亦眺矚《ちょうしょく》すべからざるは実に遺憾の極なりき。憩息須臾《しゅゆ》にして途を右方に取り山を下る。左右石壁巉巌《ざんがん》*33競秀*34し、路《みち》絶へ経窮《みちきわま》る所、乃ち鉄鎖を施し以て津《しん》梁《りょう》*35と為す。斯の如き者、数所下る一里許《ばかり》にして海岸に出でたり。其間、胎内窟*36及び天狗相撲場、千人澤、賽的河原《さいのかわら》、大篋《おおかご》、小篋《こかご》等の奇観偉蹟屈指するに暇あらず。而て其最も壮絶偉観にして人をして畏懼《いく》戦慄せしむべき者は大小二篋《かご》の名区を以て最と為さざるべからず。即ち数百尋《じん》の断崖左右両分して蒼海中に斗出し翼状を形成する幾《ほと》んど長方形の大函二個を海中に竪立《じゅりつ》すたる者の如し。之を断崖上より俯視《ふし》*37すれば洪濤《こうとう》*38の奔匯《ほんかい》*39して断崖に激触して湃湃《はいはい》*40、鞺鞳《とうとう》*41し濆沫飜飛《ほんぴ》するの状、宛然《えんぜん》*42落花舞雪と一般、亦偉観なりき。其雄偉にして壮絶の状、神骨*43懼然《くぜん》*44として久しく駐《とどま》る能はざるを以て、更に路を左方に取り登頓数里、山の半腹《はんぷく》*45を縈《えい》廻《かい》*46して以て宿所に還りたりき。時正に申牌《しんぱい》*47に垂《なんな》んとす。復《ま》た祝史《ほうり》の饗応得、以て帰路に上れり。

【註】

＊1　禱賽　神仏にお礼参りをすること。

＊2　金華山　「勿来関を游覧すたる紀事」の註24参照（九四頁）。

＊3　鮎川　牡鹿半島西側の漁村。

＊4　山鳥渡　山鳥は牡鹿半島西側の金華山に面した浜。昔ここに金華山行きの渡し舟の発着場があった。今日、山鳥の渡しの跡が残る。

＊5　喬杉　高い杉の木。

＊6　麋鹿　なれじか。

＊7　華表　神社の鳥居。

＊8　嶔然　けわしく聳える様子。

＊9　随身門　「游塩浦記」の註23参照（九八頁）。

＊10　高爽　高く気のさわやかな様子。

＊11　翼燿　建物の軒が光り輝いていること。

＊12　往歳　往年、昔。

＊13　祝融　火をつかさどる神、転じて火災。

＊14　烏有　烏《いずく》んぞ有らんや（どうしてあろうか）の意で、何もないこと。「烏有に帰す」は火災で家財を失うこと。

＊15　賽客　参詣者。

＊16　祝吏　神に仕える人、神官。

＊17　烹飪　煮た食物。

＊18　按擺　ほどよく並べること。

＊19　菌蕈　きのこ。茸類の総称。

＊20　膏膩　膏も膩もあぶら（脂）の意。肉・魚類の料理をいう。

＊21　未牌　午後二時。

＊22　天明　夜明け、明け方。

＊23　蓐食　朝早い食事。

＊24　森爵　深く繁ること。
＊25　曦景　太陽の光、日光。
＊26　険峻　けわしいこと。
＊27　疲郄　疲れ苦しむ。
＊28　嚮導　道案内。
＊29　登頓　高い所に登っては少し止まる。
＊30　透邐　斜めに連なり進む。
＊31　匍匐　腹ばいになる。這う。
＊32　晦冥　暗いこと。暗闇。
＊33　巉巖　高くそびえたつ岩。
＊34　競秀　美しさを競う。
＊35　津梁　渡し場と橋。転じて先へ進むための手引き。

＊36　胎内窟　岩の中に広がる空間。いわや。
＊37　俯視　高い所からうつむいて見る。
＊38　洪濤　大波。
＊39　奔匯　速く旋回する。
＊40　湃湃　沸き立つ波の音。
＊41　鞺鞳　音がとどろきわたる。
＊42　宛然　あたかも、ちょうど。
＊43　神骨　精神と骨髄。心骨と同じ。
＊44　懼然　心を動かして驚く様子。
＊45　半腹　山などの中ほど。
＊46　縈廻　ぐるぐるまわる。
＊47　申牌　午後四時。

詩鈔

【書き下し文　岡田愛己】

朔風吹月下嶒崚
霜色満天々欲氷
隔岸山村人未起
寒林葉尽見孤燈

朔風《さくふう》*1は吹く月下の嶒崚《そうりょう》*2
霜色《そうしょく》の満天天氷《こお》らんと欲す
隔岸《かくがん》の山村人未《いま》だ起きずして
寒林の葉は尽きて孤燈を見る

*1　朔風　北風
*2　嶒崚　険しい山の角

密巒環匝自成灣
日暮冥々海色閑
津畔呼舟々不到
梵鐘声度岐洲間

白面蒼髯小矮身
礼容有度壓搢紳
誰知天下姦豪術

密巒《みつらん》*1環匝《かんそう》*2自《おのづ》から湾を成《な》す
日は暮れ冥々《めいめい》たる海色閑《いろしずか》なり
津畔《つはん》*3舟を呼びて舟到らず
梵鐘声《ぼんしょうおと》は度《わた》る岐洲《きしゅう》*4の間

*1　密巒　繁った山々
*2　環匝　取り囲む
*3　津畔　渡し場のある岸
*4　岐洲　分かれた洲

白面蒼髯《そうぜん》*1小矮《しょうわい》の身
礼容度《ど》を有して搢紳《しんしん》*2を圧す
誰か知る天下姦豪*3の術

瞞却滔々朝野人

秋水不波柔櫓閑
垂楊疎處宿江灣
終宵無限羈人恨
一枕西風夢故山

瞞却*4す滔々《とうとう》たる朝野の人を

*1　蒼髯　青いひげ
*2　搢紳　貴顕の人
*3　姦豪　悪者のかしら
*4　瞞却　あざむく

秋水波たたずして柔櫓*1閑《しずか》なり
垂楊《すいよう》*2疎《そ》なる処江湾に宿す
終宵《しゅうしょう》無限なり羈人《きじん》*3の恨み
一たび枕して西風に故山を夢む

*1　柔櫓　ゆっくり漕ぐ櫓
*2　垂楊　しだれやなぎ
*3　羈人　旅人

風拂欄干消午炎
日沈江畔月纖々
一声遠笛天如水
両岸樓々掲翠簾

清風度葉影婆娑
月出小園蟲語多
豈計更深秋信動
新涼早已上軽羅

風欄干《らんかん》を拂《はら》いて午炎《ごえん》*1を消す
日江畔に沈みて月は纖々《せんせん》*2たり
一声の遠笛天水の如く
両岸の樓々《たかどの》翠簾《すいれん》*3を掲ぐ

*1　午炎　昼の暑さ
*2　纖々　細い
*3　翠簾　青いすだれ

清風葉を度《わた》りて影婆娑《ばしゃ》*1たり
月は出でて小園の蟲《むし》語り多し
豈《あに》計らんや更《こう》深にして秋信《しゅうしん》*2の動くを
新涼早や已《や》む軽羅《けいら》*3を上げるを

＊1　婆娑　舞う様子
＊2　秋信　秋の便り
＊3　軽羅　うす絹
任他世路遇荊榛
孤德天涯尚有隣
親友對斟三盞酒
陶然笑迓異鄕春
他に世路《せいろ》＊1を任せて荊榛《けいしん》＊2に遇《あ》う
孤徳の天涯にして尚《なお》隣を有す
友と親しんで対斟《たいしん》＊3す三盞《さんせん》の酒
陶然として笑いて迓《むか》える異郷の春

＊1　世路　世の中の事
＊2　荊榛　いばらの林
＊3　対斟　相対して汲む

無奈轗軻纏一身
凄然追想是因縁
滿腔遺憾無由遣
況也況痾伴老身

世路從來是苦辛
苦辛何必拂荊蓁
唯憐一片雲間月

なんぞ無《なか》らん轗軻《かんか》*1の一身に纏《まと》うを
凄然《せいぜん》*2として追想す是《こ》の因縁を
滿腔《まんくう》*3憾《うら》みを遺《のこ》し遣《や》るに由《よし》無し
いわんや況んや痾《あ》*4の老身に伴うを

*1 轗軻　不幸
*2 凄然　もの寂し
*3 滿腔　胸いっぱい
*4 痾　病気

世路は従来是れ苦辛なり
苦辛何んぞ必ず荊蓁《けいしん》を払わんや
唯《ただ》憐む一片雲間の月

偏照江湖淑慝人

海角風生歛霧鬟
平沙潮落夕陽閑
遥々樹色紅如錦
隔水愛青霜後山

偏《ひとえ》に照らす江湖淑慝《しゅくとく》*1の人

*1　淑慝　善と悪

海角*1に風生じて霧鬟《むかん》*2をおもう
平沙*3は潮《うしお》落ちて夕陽閑《しずか》なり
遥々《ようよう》たる樹色紅《くれない》は錦の如し
水を隔てて愛《め》ず青霜の後山

*1　海角　みさき
*2　霧鬟　美しい髪
*3　平沙　砂浜

耳朶不登世路艱
風塵脱却意還閑
衡門尽日無人到
独見窓前紅葉山

落泊半生年欲空
故山無信夢怱々
一家未就團欒策

耳朶《じだ》*1には登らず世路の艱《かん》*2
風塵脱却して意《こころ》は還《かえ》って閑《のどか》なり
衡門《こうもん》*3尽日《じんじつ》*4人の到る無し
独《ひと》り見る窓前の紅葉の山

*1　耳朶　耳たぶ
*2　艱　艱難
*3　衡門　粗末な門
*4　尽日　終日

落泊《おちぶれとまり》たり半生の年空しからんと欲す
故山信《たより》*1無く夢怱々《そうそう》*2たり
一家未だ就かず団欒《だんらん》の策《はかりごと》

自恤天涯客裡躬

自《みずか》ら恤《あわ》れむ天涯客の裡躬《りきゅう》たるを

*1　故山　ふるさと
*2　怱々　忙しい

樹梢無復着残紅
寂寞長隄雨後風
凋悵江東春已過
声冷杜宇緑陰中

樹梢は復《ま》た残紅を着する無し
寂寞《せきばく》たり長隄《ちょうてい》*1 雨後の風
凋悵《ちょうちょう》*2 す江東の春已《すで》に過ぐるを
声は冷《すず》し杜宇《ほととぎす》緑陰の中

*1　長隄　長い堤
*2　凋悵　恨み嘆く

海門一望水悠々
羈客何来多暗愁
誰識天涯流落苦
冷風凄雨又遇秋

分夜雁声送客愁
高樓夢破思悠々
西風一陣海雲絶
月白東洋萬里秋

海門[*1]一望すれば水悠々たり
羈《き》客《きゃく》[*2]何ぞ来りて暗愁を多くせるや
誰か識《し》る天涯流落《るらく》の苦しみを
冷風凄雨《せいう》[*3]又秋に遇《あ》う

＊1　海門　瀬戸
＊2　羈客　旅人
＊3　凄雨　冷たい雨

夜を分つ雁声《がんせい》[*1]に送客の愁《うれ》い
高樓《たかどの》の夢破れて思いは悠々たり
西風一陣して海雲絶え
月は白し東洋萬里の秋

＊1　雁声　ガンの鳴き声

落托天涯暗結愁
蓬窓一夜思悠々
海門咫尺暗難見
冷雨和風漉客舟

落托＊1たる天涯暗《ひそ》かに愁いを結ぶ
蓬窓《ほうそう》＊2 一夜思い悠々なり
海門は咫尺《しせき》＊3 暗《やみ》にして見ること難《かた》し
冷雨と和風＊4客舟を漉《あら》う

＊1　落托　もの淋しい
＊2　蓬窓　粗末な窓
＊3　咫尺　すぐ近く
＊4　和風　おだやかな風

第三部

『処世之誤　一名　誡世痴談』

目黒順蔵

【初出】大正三年七月十七日
編輯兼発行人　目黒順蔵／発売元　丙午出版社

序

全篇を通読するに今の世の人情の機微を照し出すこと玻璃《じょうはり》の鏡*1の如し。此用意を以て世に処せば人々身を全うするを得ん。抑《そもそも》今の世にても人に良心あり、悪事を行ひて可なりは誰《だれ》人か思はん。唯緊《かた》く之を守らざるは社会の制裁の弛緩《ちかん》したるに因《よ》る。社会の制裁強ければ悪事を行ふは不利となるに因《よっ》て、人々自《おのずか》ら己《おの》れを慎むに到らん。而して今の地位名望ある人々の己れを慎まざるは確に悪風の一大原因なり。上の好む所下之に従ふにて、世を挙《こぞ》りて滔々《とうとう》として之に趨《はし》る。地位名望ある人に皆君子なれとは望まねど、唯《ただ》尋常の道だに守りてあらは世の風儀に莫大なる影響あらん。此論以て本篇の闕《けつ》を補ふ*2。

明治四十三年十月九日夜

大槻文彦

緒言

処世の道を誤る者は社会の惛愚者《こんぐしゃ》なりとは古来世人の唱説する所、今回余自《みずか》ら惛愚を標榜して『処世之誤』なる一篇を公にしたる所以《ゆえん》は、即ち自ら処世の道を誤りたる始末を陳ずるの傍《かたわら》、聊か《いささ》世態を論究して江湖の省慮を乞はんと欲するの微意ありて存すればなり。夫《そ》れ社会の現状を見るに、文明の程度愈々《いよいよ》進みたるにも拘はらず、不正手段を以て処世の道と心得、且つ之を以て意外にも成功を収むる者尠《すく》なからざるが如し。是れ人道破壊の所業にして、社会に荼毒《とどく》する甚だしきものなり。此の故に余は此種の人々の不正罪悪を一々把羅剔抉《はらてっけつ》して以て筆誅《ひっちゅう》を加へ、亦余力を遺《のこ》す所なからしめんと期したり。幸ひに余が本篇を稿したる本意を諒とし一顧を給はらば、余が『誡世痴談』も亦無為にして終らざるなり。

大正三年孟夏《もうか》　　　　編者誌

宋《そう》の程頤《ていい》*3は年五十にして四十九年の非を知ると云ふ。余は六十歳にして五十九歳の誤《あやまり》を悟れり。若《も》し余をして誤を悟ること今少しく早からしめば、今日の逆境に沈淪《ちんりん》せざるのみならず、能《よ》く独立の生活を做《な》し得べきものを、転《うた》た往時を回想する毎《ごと》に身の不明を歎《たん》ぜずんばあらず。抑《そもそ》も誤とは何ぞや。社会の情勢を知らざるにありしなり、否《いな》、社会の情勢を知らざるにあらず、社会の情勢と人間の思潮とに応じて一身を処するの道を誤りたるにあり。為に社会の圧迫する所となり、人間の抑制する所となりたるも当然の数《すう》にして、洵《まこと》に遺憾に堪へざる所なり。七書*4に云ふ、千章萬句不出乎致人而不致乎人而已（千章万句、人を致すに出ずして人に致されざるのみ）と。是は、戦争に勝つべき策略千言万語の多きあれども、要するに能《よ》く敵を制して敵に制せられざるにあるのみと、唐将李勣《りせき》*5が太宗《たいそう》*6に奉答したる奏議にして、固《もと》より軍旅《ぐんりょ》上の警語に過ぎざれども、移して以て常事に適用するあらば処世の道を誤らざることを得ん歟《か》。

抑《そもそ》も人間社会は生存競争の修羅場にして、其《そ》の修羅場に生れ出でたる以上は、生存競争を避けんと欲するも避け得《う》べからざるは人の運命にして、世の古今を問はず、国の内外を論ぜず、貴賤貧富、老弱男女の差別なく、人たる者は終世此の境界を脱出すること能《あた》はず。之を歴史に徴すれば、天地草創の時代より漸次《ぜんじ》進化して現今の文明社会に至るまで、吾人の做《な》し来れる所業は皆生存及び優劣競争の事跡にして、万世一期四時《しじ》*7の循環ありて、四季の行はる、が如く瞬間も息《や》む時なく之を継続しつ、あるなり。社会の未開なる間は、只管《ひたすら》腕力のみを以て競争し来れるも、開明に進むに及んでは、競争の方法も亦発達して、智と富《ふ》との二力を応用するに至り、古代に比して今日社会の情勢は頗《すこぶ》る精緻に、頗る激烈に赴きたれば、此情勢を能《よ》く看取《かんしゅ》して競争の修羅場に角逐《かくちく》するにあらざれば勝《かち》を制するは測《はか》り難し。

天道*8は人を駆り社会を駆りて生存及び優劣の競争をせしむる者にして、競争に勝《かち》を制したる人を以て社会を組織せしめ、競争に勝を制したる社会を以て文物の発達に資する所の社会を構成せしむ。学者は之を称して自然淘汰の原則と為す。故に吾人の今日あるは則ち祖先が競争の修羅場に勝を制したる賜《たまもの》にして、人にして競争せざれば社会は依然として進化せず、万世一日の如く荒唐野蛮の域を脱し得べからざるは勿論《もちろん》、其の生命をも保ち難し。此の世に生を享《う》けたる以上は、何人《なんびと》も其の生を保持せんと希《こいねが》はざるはなし。生命を保たんと欲せば先ず生活の道を求めざるべからず。生活の道を求めんと欲すれば勢ひ必ず競争せざるを得ず。

衣食住足りて礼節を知ると云へるは、人の生活上第一に必要なるは衣食なるを以て、衣食を満足し得《う》れば生活し得べけれど、之に欠如したるに於ては生活し得ざるを以て、礼節どころの沙汰にあらず、即《すなわ》ち兄の臂《ひじ》を紾《もと》らしても猶《な》*9ほ食を奪ふに至るは、今日人間の恐るべき弱点なるが如し。救世済民の道を唱導したる釋迦耶蘇《しゃかやそ》*10や、徳行の高峻なる孔丘《こうきゅう》*11、索克拉的《ソクラテス》等と雖《いえど》も、其の祖先や如何《いかん》と繹《たづ》ぬれば、同じく一顆《いっか》の果実、一臠《いちれん》の肉塊を争奪して競争の修羅場に勝を制したる人の遠裔《えんえい》にして、吾人の祖先も亦斯《かく》の如き所業を敢てして生存したる者なり。吾人が競争場裡に立ちて勝を制すべきは則ち祖先の恩徳に報ゆる道にして、実に天命を躰《たい》するの行為と云はざるべからず。

抑《そもそも》天の原則としては、宇宙間の生きとし生くるものは、亦人の如く生存競争せしむる者にて、植物の如き意識を有せざる物にても亦異種類と競争するの傾きあるは勿論《もちろん》、同種類間に於ても亦競争を為すものゝ如し。試《こころみ》に松、柏、檜《ひのき》、杉等の森林を見るに幹材に長短あり、巨小あり、其の状態種々なるが、幹材の巨大なる樹木は株根《しゅこん》より夥多《かた》の栄養分を摂取して成長し、短小の樹木は、之に反し、巨大なる木に栄養分を奪取せらるゝのみならず、太陽の光熱をも遮断せられて成長すること能はざるなり。況んや意識を有する動物に於てをや。昆虫・魚介・禽鳥・獣畜の種族に於ては、植物に比すれば競争の度一層の激甚を加ふるのみならず、其の生活機関の整否如何によりて亦多少の相違あり。而して各々自愛心を有して他に拮抗するものなり。之を概論すれば魚介は昆虫よりも自愛心に富み禽鳥は魚介よりも之れ多く、獣畜は禽鳥よりも更に之れ多き順序にして、生活機関の構造比較的完具したる猿猴《えんこう》類に至ては、知覚動作の能力殆んど或種の劣等人種に勝り、自愛心も頗る発達するものありと。

人は他の動物に比較すれば自愛心所謂《いわゆる》利己心の最も発達したる動物にして、利己の心広大にして望蜀《ぼうしょく》飽くことを知らず。古来人を以て、万物の霊長と云ひたるは決して道徳観念を有するが為の称にあらずして、智識と欲望との広大にして際限なきが為めと云ふを得べし。

曽《かつ》て史乗《しじょう》*12を閲《けみ》し、英雄豪傑を以て称せらるゝ人の行為を見るに、武力を以て人国を攻略したる事蹟にして、功業の成否大小の差別はあれども、共に皆其の欲望を逞《たくまし》うし或は逞うせんと欲したる歴史にあらざるはなし。見よ彼《か》の亜歴山徳《アレキサンドル》、核撤《シーザー》、秦始皇帝《しんのしこうてい》、漢武帝《かんのぶてい》、帖木兒郎《チムール》*13、忽必烈《クビライ》、沙立曼帝《シャールマン》*14、彼得大帝《ピートル》*15、第一世翁拿破《ナポレオン》、我国の豊臣秀吉等の所業は、則ち欲望の広大なる証左にして、一たび優劣競争に勝《かち》を制するや勢ひに乗じて弱国を呑滅《どんめつ》し、版図を拡大して、其の我欲《がよく》を縦《ほしいまま》にしたり。恰《あたか》も賭博《とばく》の親分が腕力を揮ひ、其の敵手を圧服して縄張地《なわばりち》を拡張したるにも同じ。欲望の大なること夫《そ》れ斯《かく》の如し。而も恐らくは彼等は猶《な》ほ之れを以て不足を覚えしことならん。生存競争にありても亦《また》然り。人各々業務を努めて利益を図り、生活に余りある富を形作るも猶《な》ほ恋々として貨殖の道を講ず。富百万に至れば千万ならんことを欲し千万に達すれば一億ならんことを望むは、之れ人間常の性情なり。豪農は土地の兼併《けんぺい》を計り、富商《ふしょう》は市利の壟断《ろうだん》*16を営み、己が利益の為めには他人の生命を犠牲に供して憚《はばか》る所なきは現在社会の状態にあらずや。海外諸国の事は姑《しば》らく論ぜず。我国に於る古川*17・藤田*18・住友*19及び貝島*20等の富豪輩が鉱業を経営するに方《あたっ》て、鉱毒の植物に有害なるは科学上分明なる事にて渠等《かれら》は夙《つと》に之を熟知する所にも拘はらず、放任して亦顧みず。被害民の蜂起強請《きょうせい》するや、已《や》むを得ず僅かに鉱毒防禦の手段を施し一時を糊塗《こと》するのみなり。若《も》し被害民温和にして、強請せずんば、幾十百年を待《まっ》も敢て念慮《ねんりょ》せんとはせざるべし。是れ利益の為めには他人の生命を犠牲に供して憚《はばか》る所なき左証にあらずして何ぞや。果して然らば欲望は人の悪徳なるや否や。欲望は吾人の性情たる利己心の発動にして、生存競争上必然の事なるのみならず、正理に睽《そむ》かずして欲望を達するは処世の要道にして一身樹立の本源たり。此れを以て営利事業に従事して貨殖を図るは自己の欲望を達する所業なれども、間接には国家の福利を増進するの道理なるを以て国民の尽瘁《じんすい》すべきは勿論《もちろん》、各国政府に於ても亦勧奨の政策を秉《と》らざるはなし。是れ十九世紀以来世界の大勢にして、各国皆国家の富力を以て第一の要務と為さざるはなし。蓋《けだ》し富力は国家存立の要素にして、兵力は富力に因《よっ》て維持し得《う》るも富力は兵力のみに因《より》ては如何ともなし得ざる時勢なればなり。我が政府に於ても亦各国の施政に倣《なら》ひ、夙《つと》に生産機関を監理すべき官庁を特設して、殖産・興業・貿易・通商等を保護督励するは国家存立上然らざるを得ざる所なり。又、文明の進歩するに随《したが》って、武備機関も亦次第に精巧壮大を極め巨額の軍資を要するを以て、国家に富力あらざらんか、之を施設すること能はず。武備機関を完全せんと欲すれば大《おお》いに国家の富力を増進せざるべからず。即ち富力は武備機関の本源なるを以て其の本源たる富力の増進を図らんと欲すれば、勢ひ生産機関を完備せざるべからず。生産機関を完備せんと欲せば、科学的知識及び技能を有する人を要するを以て、政府は主として帝国大学*21を始め、其他各種の之に必要なる専門学校を設け、学殖技能ある人を養成して生産武備の両機関は勿論《もちろん》、百般の政務に至るまで学校卒業生を挙げて其局に当らしめ、只管《ひたすら》富国強兵の実効を収めざるべからず。是れ施政上唯一の方針にして、列強対峙《たいじ》の世界に立って、優劣競争に勝《かち》を制せんとするに於ては当然の政策なりと云はざるべからず。今や官公私の設立に係る学校頗《すこぶ》る夥《かた》多にして、種類も亦許多《きょた》なるが、要するに前論したるが如く、国家及び吾人《ごじん》の福利を増進して社会の幸福を図り、以て人生の目的を達せんとするにあり。故に利益を増進することなくんば、政府も之を設立せず。世人に於ても亦之をせざるは自然の理なるべし。

高等師範学校*22及び尋常師範学校*23の如きは何等物質上の利益を貢献するの目的にあらざるが如くなれども、国民普通の基礎的教育を施し、常識を涵養すべき任務を帯べる教員を養成する機関にして、卒業生は就職して給料を受くるの利益あるは勿論《もちろん》、其の生徒をして他日生存競争の修羅場に勝《かち》を制すべき知識の階梯《かいてい》を教ゆるを以て、国家の産業、軍備に対しては間接なるも、欠くべからざる学校と云はざるべからず。近年俳優学校を設立する者あり。俳優の技芸たる娯楽を看客《かんきゃく》に供するのみにして何等の利益なきが如くなれども、学者は之を称して芸術と做《な》し、奨励したる結果、青年男女の陸続として之に入学するものあり。校主及び教員等は必ず夥多《かた》の利益を得たるなるべし。卒業生たる俳優等に於ても極めて莫大なる利益あるが如し。蓋《けだ》し俳優を看板として被窩子《じごく》[24]を内職とするを以てなり。故に賢明なる政府に於ては、亦渠等《かれら》が醜業《しゅうぎょう》をも厭《いと》はず肉の切売を敢てして巧に利益を占むるを奇特とし之を許可したる者ならん歟《か》。嗚呼《ああ》。

現今は黄金崇拝の時勢にして挙世滔々《とうとう》として貨殖是れに努めざるはなし。貴賤を問はず、貧富を論ぜず、老弱男女の差別なく、偕《とも》に皆熱心を以て富を蓄積して富貴安楽の地位を占めんとするもの丶如し。所謂《いわゆる》進化的理法を履行せんとする意なるや否やは知らず、世俗全般の思潮にして固《もと》より怪しむに足らざれども吾人が平素尊敬する教育家、即ち各種学校の教員等は、殆《ほとん》ど講談師が寄席《よせ》を巡回公演するが如く、二三校を懸《か》け持ち授業して利益を図るは勿論《もちろん》、官立学校の教官等すらも亦之に準拠し、熱心に著述翻訳其他種々の営業を内職として、俸給以外に夥多の利益を得んと焦心せざるはなし。殊に医科大学の教授等にして患者の弱点に附《つ》け入りて、多額の診察料を貪《むさぼ》るものありと云ふ。苟《いやしく》も社会民人の儀表《ぎひょう》[25]たるべき人にして、地位も身分も顧みず、一意漁利[26]にのみ馳《はせ》る以上は、寧《むし》ろ百尺竿頭《かんとう》一歩進めて[27]、賭博・詐欺・

掏摸《すり》・窃盗等を養成する学校を設立するの利益あるに如《し》かず。所謂《いわゆる》近代的民情に適する経営なるを以て、世の同情を博し意外の繁昌を贏《か》ち得ん歟《か》。

然れども堕落者を養成する俳優学校は兎《と》も角《かく》も、悪人を養成する学校は文明国民の決して経営せざる所なり。仏国に於ては夙《つと》に犯罪学校の設備ありと雖《いえど》も、其の目的たるや犯罪の手段を研究し、以て容易に犯罪者を検挙逮捕せんが為めの設備なりと。是に由《よっ》て之を観《み》れば、如何なる邦国にても国民の公共心を代表する政府を有する以上は不正邪悪の所業は之を禁遏《きんあつ》せざるはなし。況《いわん》や学校を設けて悪人を養成するに於てをや、是れ他なし。邪悪の所業を以て富を築きたる人なきのみならず、社会に種々《しゅじゅ》の害毒を流すを以て、畢竟《ひっきょう》国家の損失を免かる、こと能はざるに由る。此を以て世間の貪慾家も此種の学校を設立せざれば、凡俗なる政府に於ても亦之を許可せざるべし。

封建の昔、徳川氏の覇府《はふ》*28を江戸に開くに方《あたっ》て、早くも学芸の道を鼓吹《こすい》して、簡猛尚武《かんもうしょうぶ》の風習を減殺《げんさつ》せんとの政略なるや否やは疑問なるも、主として碩学鴻儒《せきがくこうじゅ》*29を聘《へい》し、続いて昌平黌《しょうへいこう》*30と云へる漢学専門の学堂を創設したり。諸藩々主も亦之に倣《なら》ひ、漢学塾を設け、以て藩士の子弟を教育したるが、明治維新の後に及んでは、漸《ようや》く漢学廃《すた》れ、今日にては纔《わずか》に帝国大学文科の一科に於て之を専門に教授するに過ぎず。之を要するに賭博詐欺等の学校の如く社会に害毒を流すの虞《おそれ》なしと雖《いえど》も、国家社会に何等の利益なきものとなし、高襟連《ハイカラ》*31の得意とする個人主義にも享楽主義にも全く交渉する所なければ、之を遵守《じゅんしゅ》するの価値なき者となすなり。抑《そもそ》も漢学の本意たる家族制度を根本とし、修身齊家《せいか》*32の道を割り出したる教義なるは勿論《もちろん》、治国平天下*33の理想的政策を説くを以て、固《もと》より現今の時勢に適するの理なしと雖《いえど》も、政府に於て之を政綱に応用し、民人も亦真面目《まじめ》に其の教義を体し躬行《きゅうこう》実践するものとせば、人徳日に修《おさま》りて、兇悪の徒減少し、社会の幸福如何ばかりならん。併しながら又、伯夷《はくい》叔《しゅく》齊《せい》*34や顔回原憲《がんかいげんけん》*35の如き貧困の人続出して、租税徴収の道なく、如何に敏腕なる為政家と雖《いえど》も国家経綸の手段なきに至らん歟《か》。然れども政府なるものは不良人民の社会に其の跡を絶たざる所の反映にして、不良人民の行為を箝制《かんせい》*36すべき必要ありて設けたる制度なれば、善良の人に対しては其の必要毫《ごう》もなきのみならず、寧《むし》ろ無用の長物なるを以て、世界の人民を挙げて顔憲《がんけん》二子*37の如き君子人となりたらんには、政府の設備なきも支障あらざるべく、租税も亦要せざる理にして、貧困の人続出するも国家の存立上妨げざる亦当然の事と云ふべし。

先年尾崎行雄*38が遊説の為め仙台へ至りし際、第二高等学校*39に於て学生の為めに演説して曰く、学問は金銭を取るを目的とする者にあらず、専ら品位を高むるが為めなり、金銭を取るを以て目的とする者は学業を罷《や》めて高利貸に従事すべし、云々と。之を聴ける学生等は勿論《もちろん》、教職員に至るまで、皆其の説に感服したりと云ふ。品位を高むべしとは、徳行を修めて品格を高尚に保つべしとの意ならん歟《か》。果して然らば既に教育勅語*40の宣旨あるを以て職員及び学生等の夙《つと》に服膺《ふくよう》*41せざるべからざる所、豈《あに》亦尾崎輩の今更らしき説明の要あらんや。さりながら同人は当世名士の一人なるを以て、黄嘴《こうし》*42の学生等の感服したるは或は当然の次第ならんも、博士学士の肩書ある教職員が斯《かく》の如き陳套《ちんとう》*43の説を聞いて感嘆するに至ては、殆んど其の理性あるやを怪しまざるを得ず。吾人が学問を為すを以て品位を高ふするのみならば、孔孟*44の道を講習するも可なり、仏耶《ぶつや》*45の教を遵奉《じゅんぽう》するも亦可なり、何ぞ忖《かなら》ずしも高等学校や帝国大学に入学するを要せん。生存競争の激烈なる現今に在っては、吾人は只管《ひたすら》利益の多き業務を選択《せんたく》するを要す。高利貸の如きは利益の多き業務なれども、往々名聞を毀損《きそん》するのみならず、斯業《しぎょう》に慣熟するにあらざれば、失敗して元利を挙げて蕩尽《とうじん》するの虞《おそれ》なしとせず。之に反して帝国大学に入学して専門の学術を修むるは、僅少の資本を以て最も安全に最も莫大の利益を贏《か》ち得べき職業の素地を作るの道にして、其の利益高利貸の比すべきにあらざるなり。

　政府は学士と云へる学術習得の学位を附与するのみならず、試験を要せずして官吏、教官、技師、医師、弁護士等の業務に従事し得べき特典を以て遇するが故に、世の子弟の相率いて大学に入学せんとするは自然の情勢にして、父兄に於ても亦之を欲し、貧困の者にありては好む所の飲酒を癈《はい》し、嗜《たしな》む所の喫煙を罷《や》め、三度の食餌《しょくじ》を二度に減じて学資を給するに至る。蓋《けだ》し子弟にして首尾能《よ》く卒業すれば、本人は勿論《もちろん》、父兄に於ても亦益する所甚だしきを以てなり。彼《か》の尾崎が金銭を取るを以て目的とする者は、学業を罷《や》めて高利貸に従事すべしと勧告したる如き、誠に愚説にして、未だ其説に随《したが》ひ学問を罷《や》めて高利貸に従事したる学生あるを聞かず。大学を卒業して学士の肩書を得るに至れば、学術技能の如何に拘はらず、官途若くは会社等に就職して身分不相応の俸給を受くるは勿論《もちろん》、権門高位に纍縁《こうえん》*46ある者に至ては、凡庸《ぼんよう》の者にても一躍数千金の高給を受くるは容易のことにして、実に博士学士等は生存競争の修羅場に勝を制すべき利器を有せるものと云ふべし。

然りと雖《いえど》も社会は広し、博士学士の肩書あらざるも、能《よ》く生存競争に勝利を得て社会の上流に居る者も亦甚だ尠《すく》なからず。此種に属すべき人を挙ぐれば、先づ華族に指を屈せざるべからず。之に継いでは陸海軍の将校にして、其他高等官吏、銀行会社の重役、農商工に従事して成功したる者等多数なるが如し。又医師、弁護士、新聞社主、祠官《しかん》、僧侶等の部類に属する者にて上流の地位を占めたる人あれども、大体に於て多からざるを以て姑《しば》らく之を論ぜず、此種の人は直接と間接とを問はず、立国経営の中枢となり、柱石となりて尽すべき地位を占むるを以て、社会全般より推重《すいちょう》せらるゝ人なれば、其の栄誉を重んずると共に高徳を尊重して、国家に貢献すべき道理なるにも拘《かか》はらず、社会の実際に徴すれば全く之と反対の傾向あるが如し。実に苦々《にがにが》し敷き至りと云はざるべからず。

華族は国家の勲功者として帝室*47の恩眷《おんけん》*48を辱《かたじけな》ふし、国民の上に居るものなれば、身を慎重に保ち、専ら皇室の藩塀《はんぺい》*49たるの任務を尽すべき理なるに動《やや》もすれば之を忘れ遊惰《ゆうだ》放縦《ほうじゅう》に流れ、甚だしきに至っては亂倫《らんりん》汚行《おこう》酒食の間に沈淪《ちんりん》する者すらあり。

将校は国家干城《かんじょう》[50]の任務あるを以て、常に至尊[51]の恩寵《おんちょう》を蒙《こう》むるのみならず、国民の信頼をも受くる名誉あるものなれば、居常尽忠報国《じんちゅうほうこく》[52]の心懸《こころがけ》あるべきは勿論《もちろん》、操行を堅実に保ち、軍人として愧《は》ぢざる人格を備ふべきの理を忘れ、或は軍紀を乱りて傲惰放佚《ごうだほういつ》に耽溺《たんでき》し、殆んど無頼漢の如く酒に酗《きょう》し色に荒《すさ》み、遂には首も廻らぬ債務を負ひ、軍人たるの体面を失墜する者あり。或は任に物品購買にあるもの苞苴《ほうしょ》[53]贈賄を受くるを以て尋常の事と思惟《しい》するのみならず、甚しきに至ては御用商人の請託を納《い》れ、竊《ひそか》に不正の利を占むる者あり。其他種々不《ふ》埒《らち》のことありと雖《いえど》も、之を剔抉《てっけつ》するに於ては軍機に抵触するの虞《おそれ》あるを以て姑《しば》らく論ぜざるべし。

官吏は上輔弼《ほひつ》[54]の大臣より下腰弁《こしべん》の小吏に至るまで、渾《すべ》て租税の供給を得て生活する人なれば、其職務に対して忠実に勤勉すべきは勿論《もちろん》、操行廉直《れんちょく》にして節義を重んずるは服務上の規律なり。然るに国務大臣にして政党員たるもの、政党としては国利民福《こくりみんぷく》てふ甘言を弄《ろう》して愚民の心を収攬《しゅうらん》せんと努むるも、一旦大臣の椅子に帰れば飜然《ほんぜん》之を忘れて只管《ひたすら》自家の権勢利禄等虚栄の夢に駆られて、毫《ごう》も君恩に報じ民意に副《そ》ふの意なく、徒《いたずら》に有力家に阿附《あふ》[55]して其嘱望《しょくぼう》を繋《つな》ぎ、長く其の地位を存続せんとする者あり。其他の官吏は敢て大臣の詐欺的行為に倣《なら》ふにあらざるべけれども、奸佞邪智《かんねいじゃち》に長じたる輩《やから》に於ては職権を悪用して不正の利を占め、以て得たる者あり。或は贈賄阿諛《あゆ》を事として上官の歓心を収め、一身の栄達のみを図らんと腐心する者あれば、傲然として威権を張り、人民を遇すること冷酷を極め、甚しきに至っては侮慢凌辱《ぶまんりょうじょく》を加ふる者すらあり。

銀行会社等の重役は株主の信頼を受け業務を執行するものなれば、其の業務に対して忠実に尽瘁《じんすい》すべきは勿論《もちろん》、常住利害得失を考へて盛大を劃策《かくさく》するは当然にて、其の為め給料以外に利益の若干を割きて賞与せらるゝを忘れ、或は花柳の街に豪遊し、濫《みだり》に銀行会社の資本を浪費し、遂には多数の株主に損害を加へて平然たる者あり。或は泥棒的野心を起して投機的事業に耽《ふけ》り、一時に暴利を贏《かち》得せんとして、越中褌《ふんどし》の譬《たとえ》の如く目的齟齬《そご》して失敗に帰し、管理する所の資本を挙げて蕩尽《とうじん》し、銀行会社をして遂には破産するの已《や》むなきに陥《おちい》らしむるのみならず、罪悪の発覚するに先《さきだ》ち、巧に自家の資産を隠匿《いんとく》して、身法網に罹《かか》るも後日の生活の支障なき手段を運《めぐ》らす者あり。

実業に成功したる者は、商業及び工芸殖産等に従事して僥倖《ぎょうこう》にも富を博し得たる輩にして、世人の推重《すいちょう》措《お》かざる所にして、政府に於ても亦経済上須《ま》つ所あるを以て、之を優遇するなり。斯《かく》の如く多大の幸福と名誉とを有するものなれば、志操を高尚に持し、紳士たるの体面を保つべきの理なるに、動《やや》もすれば世間の凡夫等が金の威光を見て叨《みだり》に推重するを以て漸く傲慢心を起し、揚々《ようよう》富豪紳士を以て自任すると雖《いえど》も、昔日の折助《おりすけ》根性*56脱却せず、志操の如きは醜陋《しゅうろう》悪劣を極め、品行も亦随《したがっ》て言語道断なる者多し。偶々《たまたま》政府の勧誘を受け、拠《よんどこ》ろなく公共事業に出資するあるも、申訳的に僅少の金を出して纔《わずか》に其責《せめ》を塞ぎ、之に反して贏利《えいり》の事とあれば、百方辛辣《しんらつ》の手段を弄《ろう》して他人の営業をも奪略して憚《はばか》る所なきのみならず、得意快心の事と為す者あり。或は衆人の困難に乗じて或種の需要品を買占め、剰《あまつ》さへ邪曲の手段を運《めぐ》らして更に価格を高騰せしめ、以て一時に暴利を貪《むさぼ》る者あり。或は又貪欲なる官公吏等を買収して之を腹心と為し、上納物品の数量を減少するか、若しくは粗悪にして用に堪へざる物を提供して不正の利を占むる者あり。

其他国会議員は勿論《もちろん》、府県市町村会議員等も亦生存競争の修羅場に勝を制したる部類に属すべき人なれば、必ず相当の学識もありて輿望《よぼう》に副《そ》ひ得る人物ならざるべからず。特にも国会議員は一国の財政を審議し、吾人の遵守すべき法律制度を議定すべき重大なる責任を負へる人なれば、志操廉潔《れんけつ》にして国家経綸の道に通ずるのみならず、広く宇内《うだい》の形勢に達するの材識ありて始めて其の任務を尽し得べきに、動《やや》もすれば学識輿望とも皆無にして一文半銭の価値もなきもの偶々《たまたま》好事家否《いな》野心家の煽動するあれば、忽《たちま》ち驕慢《きょうまん》の心を起して自ら代議士の候補者と称し、臆面もなく選挙運動に狂奔するに至る。其の目的する所、唯虚栄心を充たさんとするのみにて、固《もと》より国政を審議するの才識もなければ、亦国事に尽瘁《じんすい》せんとの念慮をも有せざる頑迷なる人多し。而して当選後に於ける挙動如何と見れば、単に虚栄心を充たすを以て満足せず、不埒《ふらち》にも貪欲心を起して国民より供給せらるゝ歳費の外、更に選挙運動に要したる投票買収費等をも回収せんと、背信変節、あらゆる曲事を敢てして私腹を肥すは尋常茶飯の事と心得、特にも姦智《かんち》に富みたる輩《やから》に至ては、会社の悪徳なる重役等と結託して不正の利を得、或は得んと腐心する者もあり。即ち公職を悪用して泥棒を働く者と云ふべし。

孟子云へるあり、孶々《じじ》為利者跖《せき》之徒也*57（孶々利のためにする者は跖の徒なり）と、只管《ひたすら》営利の事に腐心する者を喝破《かっぱ》せるなり。其意に循《したが》って断定すれば、前述の如き社会の上流に地位を占むる輩《やから》は、殆んど皆大々的の泥棒なり。遊惰放逸《ゆうだほういつ》にして徒《いたずら》に貨財を糜《び》する*58堕落の華族輩も、亦皆泥棒の部類に属すべきものなり。世間の所謂《いわゆる》泥棒は他人の財物を直接に奪ひ、彼等の所業は間接に之を奪ふの差別はあれども、畢竟《ひっきょう》国家の損失たるを免かるゝこと能はず。実に不埒《ふらち》千万の至にして、斯の如き不埒なる人間に衣食の資を供給する国民こそ情けなき次第にして、泥棒に追銭とは斯《か》かる事にこそ。

古者能《よ》く物事を忘るゝ人あり。一日親族の宅を訪はんものと一頭の驢馬《ろば》に打ち乗り弓箭《きゅうせん》*59を携へて我家を出でたりける。軈《やが》て山間の小路《こみち》を往きしが偶々《たまたま》排糞《はいふん》を催しければ馬より下りて一箭《いっせん》を路傍の樹木に突き立てて排糞し訖《おわ》るや早くも親族を訪《と》ふことを忘れ、最初己《おのれ》が刺し置きたる一箭を見て、山賊が己の生命を断ちて財物を奪はんと射放ちたる箭《や》が樹幹に中《あた》りたるものと思ひ、驚き慌てゝ己が排出したる糞にて足を踏み辷《すべ》らし、誰《たれ》人の悪戯なるにや、諸人の往来する路上へ排糞し置きけるこそ不都合なりと小言云ひつゝ、己が繋《つな》ぎ置きたる馬を捉へて、何処《どこ》の愚人か人も通らぬ山路へ驢馬を乗り棄て置きたるは天の与へと、径《ただち》に之に打ち乗り途《みち》を急ぎて我家へ還りたり。之を知れる近所の人々渠《かれ》の健忘なる性を打ち笑ひけるとなん。孔子之を聞いて歎じて道《い》ふ、渠《かれ》は固《もと》より健忘なれども、世間には渠にも優れる所の健忘なる人間あり。自己の心も身をも忘れて罪悪を犯し、遂には以て身を殺し国家を滅す者多しと。

右の古譚《こたん》*60は固《もと》より寓言にして、一齣《いっせき》*61の囈語《げいご》*62に過ぎざれども、社会の現象を見れば、孔子の歎息せられたるが如き健忘に罹《かか》りて、心身をも忘れ果てたる人間甚だ尠《すく》なからざるが如し。社会の下流者は兎《と》にも角《かく》にも、上流に居る輩《ともがら》にて私欲の一段に至ては毫も徳義も廉恥《れんち》も辨《わきま》へず、靦然《てんぜん》*63として不正行為を働き、甚しきに至ては泥棒的所業を敢てして、巧に法網を潜《くぐ》り揚々《ようよう》*64自得し、以て生存競争に勝を制するの秘訣と為す者あり。其の手段の老獪《ろうかい》にして陰険なるは実に悪《にく》むべきの至《いたり》にして、稀世《きせい》の兇賊大久保時三郎*65、坂本慶次郎*66等の如き悪虐なる所業は敢てせざるも、社会風紀の障害たるに至ては、渠等《かれら》に倍するものありと云ふべし。文明の進歩したる今日、人生の堕落此《この》極に至りたるは、要するに生存競争激烈の結果、偶々《たまたま》神経衰弱に陥り、孔子の歎息せられたるが如く、健忘症に罹りて心身をも忘れたる者と云ふべき歟《か》。

然りと雖も、古昔《こせき》に於ても亦健忘症に罹りたる人甚だ尠《すく》なからざるが如し。即ち天下の権勢と富貴とを贏《か》ち得て王公将相《しょうそう》*67の地位を占め、何等の不足もなき身たるに拘《かか》はらず、益々慾望を逞《たくま》うして我侭《わがまま》勝手の振舞を為せる者の如きは、所謂《いわゆる》此種に属すべき人にして、之を歴史に徴すれば勝《あげ》て数ふべからずと雖《いえど》も、最も異彩を放てる二三の例証を摘録せんに、秦始皇帝が国民を無学ならしめ、政事に反抗する者なからしめんと欲し、径史を焼き、儒生*68を坑《あな》にして、己れは万年までも生き延びんとて徐福をして長生不死の薬を探討せしめたるが如き、羅馬《ローマ》皇帝尼羅《ネロ》が新《あらた》に都城を建造して名声を不朽に伝へんと計り、殊更に首府に放火して焼燼《しょうじん》したるが如き、弓削道鏡《ゆげのどうきょう》*69が君恩*70の優渥《ゆうあく》なるに乗じて益々欲望を高め、不埒《ふらち》にも神器を覬覦《きゆ》したる如き*71、唐玄宗皇帝*72が楊貴妃の色香に溺れ、国政を擲《なげう》って遊興に耽けりたるが如き、国務大臣の首班たる桂太郎*73が、露国と交戦の際に方《あた》って、賤妓阿鯉《せんぎおこい》*74を身受けして日夜婬慾を恣《ほしいまま》にしたるが如き、是れ皆其の明証なり。普通人間の行為としては敢て怪むに足らざれども、暴逆なる尼羅《ネロ》道鏡の二兇を除くの他は、人格尋常に優れたるにも拘はらず、斯かる没常識の行為を敢てして自ら誹謗を招きたるは、畢竟《ひっきょう》我侭《わがまま》の極《きわみ》恥辱も外聞も顧みず、陋劣《ろうれつ》なる慾望を逞《たくま》うせんとしたる結果、偶々《たまたま》心身を忘れたる過失とも云ふべき歟《か》。

社会の下流なる人間に於て、縲絏《るいせつ》*75の苦、死刑の戮《りく》を忘れて罪悪を犯すは、蓋《けだ》し当然の次第ならんか。人の罪悪を犯すや、利慾を忘れずして能《よ》く罪悪を忘る。利慾の念を離れざるは普通の状態なりと云ふも、甚しきに至っては利慾の為めには君父をも弑《しい》して憚《はばか》らざるものあり。廼《すなわ》ち知る、人の社会に生れ出でたる目的は、只管《ひたすら》私欲を逞《たくまし》うし、併せて獣欲を恣《ほしいまま》にし、以て桀紂《けっちゅう》主義*76を実行するにあることを。噫《ああ》。

此を以て太古社会の組織成るや、主権者は適宜の紀律を設けて約束を守らしめ、以て各人利慾の観念を抑制して予《あらかじ》め社交上の紛擾《ふんじょう》を防ぎたるは当然の事なり。後世の主権者も亦之に循拠《じゅんきょ》し、法規を制定して国民を統治し国民利慾の観念を箝制《かんせい》して、協和団結を鞏《かとう》したるが、其の法規たるや、固《もと》より何れも現今の法律の如く複雑なるものにあらざるは勿論《もちろん》なれども、造悪者を懲治《ちょうじ》するの実績に至ては亦今日の法律の如きものに非《あら》ず。且つ社会の制裁力も亦普及せるを以て、能《よ》く民風廓清《みんぷうかくせい》*77を保つを得たり。二十世紀の今日に在っては全然之に反し、造悪者の多きにも拘はらず、利害得失の関係あらざる限《かぎり》は進んで之を咎《とが》むる者なければ、亦怪しむ者すらなく、社会に於て造悪者を黙許する有様なるを以て制裁力も亦癈弛《はいち》するの理なり。今や法律の威力を藉《か》りて専ら懲戒の手段を秉《と》ると雖も、一悪を除けば更に一悪を生じ底止する所なきを如何せん。斯《かく》の如く頽廃《たいはい》したる風紀を革新するの術策に至ては、世間幾多の議論もあらんなれど現今民智の程度に於ては先づ匡済《きょうさい》*78の一策として、釋迦及び耶蘇の二大宗教を振作して、之を以て風紀の廓清《かくせい》を図り、社会民心の堕落を刷新するにあらん歟《か》。古者《むかしは》釋迦の世に出づるや、自ら富貴を放棄して教を宣《の》ぶ。耶蘇の降誕するや一身を犠牲に供して道を布《し》く。吾人は固《もと》より教義の如何を悉《つく》さゞれども、二大偉人が倶《とも》に利慾の観念を断絶して儀範を垂れ、世界の生民を感化せんと尽瘁《じんすい》せられたるに至ては其揆《そのき》一＊[79]なり。是他なし。人間造悪の原因は皆利慾に基づくものなるを察し、主として利慾の観念を抑制したる次第にして、未来の賞罰法の如きは方便なるや否やは兎《と》に角《かく》にも、賦稟《ふりん》＊[80]の性情たる利己心を利導して徳行を勧奨し、利慾を以て利慾を制するの道を講じたるものと云ふべし。

古来其の功徳に頼《よ》りて済度＊[81]せられたる人其《そ》の数測り知るべからずと雖《いえど》も、輓近《ばんきん》＊[82]仏教家某の調査する所によれば、仏教信者の数は五億万人にして、耶蘇教信者は三億六千万人なりと云ふ。此の二大宗教の信者を合算する時は無慮八億六千万人なるを以て、殆んど世界民衆の過半数を占むるものと云ふべし。特に信者の多数は、欧米及び亜細亜《あじあ》の先進国に於ける文明人なるを以て、直覚派主義の意見に基きて測断すれば、国際間常に平和を保ち干戈《かんか》＊[83]跡を収め、社交上亦輯睦《しゅうぼく》＊[84]して争闘、殺傷、窃盗《せっとう》、詐欺等の如き造悪の所業を敢てする人無きが如くなれども、社会の実際に徴すれば全く之に反して、釋迦耶蘇の功徳広大無辺なりと称するにも拘はらず、毫《ごう》も世道民心＊[85]に益する所なきのみならず、種々の弊害簇生《へいがいそくせい》＊[86]して文明進歩の妨碍《ぼうがい》を為すが如し。或は道《い》ふ。蓋《けだ》し宗教なる者は人智の蒙昧《もうまい》なる時勢に乗じて発生したる古代の遺物にして、現今の如き文明社会に在っては其の必要なきのみならず、寧《むし》ろ厄介物なれば排除するを可とすと。是れ学者の夙《つと》に提唱する所なり。畢竟《ひっきょう》科学的知識の眼孔《がんこう》を通じて下したる見解なれば固《もと》より公正を失したる偏見と云はざるべからず。

由来宗教なる者は科学的思索を経て成立したる者にあらざれば、古来学者の説く所皆区々たり。釋迦耶蘇の二大偉人が心性上の快楽を目的として、高尚なる利己心を養成せしむる為めの教義を宣伝したるや否やは分明ならざれども、生民をして性行を向上せしめんと尽瘁《じんすい》せられたるは隠れなき事実にして、世界生民の多数は仏耶両教の功徳《くどく》によりて、向上の必要なる道理を会得《えとく》したるもの丶如し。抑《そもそ》も人類の発生したる原因は、物質化醇《かじゅん》*87の作用に基きたるものにて、爾他《じた》動物の発生したる原則と毫《ごう》も差別なきにも拘はらず、特《ひと》り人類のみ進化し発展し向上して遂に万物の霊長となりたるものは、固《もと》より宇宙大極《だいこく》の力に須《ま》つ所多きは勿論《もちろん》なれども、人類に於ても亦向上せんと努力したる結果なり。故に向上せんと努力するは吾人の要務たるのみならず、人生固有の徳性を修養する道と云はざるべからず。本来宗教なる者は知識幼稚の人を教化して性行を向上せしむるの具にして、徳性修養上偉大の効果あるを以て、決して排除すべき理由あるなし。況《いわ》んや現今人智の程度尚ほ幼稚にして、私慾の観念に駆られ造悪の行為を敢てする者夥《か》多《た》なる時勢に於てをや。是れ余が宗教を社会風紀の革新に紀用し以て堕落したる民心を刷新せんと欲する所以《ゆえん》なり。

宗教の弊害に至ては固《もと》より学者の所論の如く、吾人も亦等しく之が認むるものなり。今其の原因のある所に剔抉《てっけつ》して之を論ぜんに、要するに司教者が教義を無視して之を遵奉《じゅんぽう》せざるのみならず、横暴の所業を敢てすると、又信者の多数が教義の如何を辨ぜずして非違の行為を敢てするの二事にして、決して教義の不良なるにはあらざるなり。廼《すなわ》ち世道《せどう》未だ発達せざる昔日《せきじつ》に於ては、司教者は人民の昏昧《こんまい》なるに乗じて国家の大権を握り我侭《わがまま》勝手の挙動を逞《たくまし》うしたる者にて、之を歴史に徴すれば、羅馬《ローマ》法皇が教書を宣布して科学的学問を禁遏《きんあつ》したるが如き、或は国民を煽動して、十字軍を起さしめ、徒《いたずら》に数百万の人命を殲滅《せんめつ》せしめたるが如きは、此の最も甚しき例証と云ふべし。我国に於て仏教の流播《るほん》せる弊害も亦稍《やや》之に類する者あり。往昔《おうせき》、延暦《えんりゃく》、園城《おんじょう》、興福《こうふく》*88等の各寺院の坊主等が数千の兵を養ひ、武器を擁して日に戦闘を事とし、畏《おそれ》多くも天子を蔑《ないがし》ろにし奉り、勅命を遵奉せざりしが如きは其の弊害の最大なる者と云ふべく、其他宗教上の軋轢《あつれき》を以て干戈《かんか》を交へ、国家の擾乱《じょうらん》を惹き起したる例証尠《すく》なからず。

人文の発達したる現今にあっては、司教者にして政権を掌握する者は西藏《チベット》等の二三の未開国に限るを以て、宗教に関して干戈《かんか》を交ふるが如き惨劇其跡を収むるに至りたるも、他の弊害は依然として昔日に異ならず、前述の如く、信者にして非違の行為を敢てする者今尚夥《おびただ》しく、学者は之を称して迷信と為す。今、二三の例証を摘録すれば、渾《すべ》て迷信者は神仏の力を以て広大無限の者と為し、之を祈念すれば自ら善因を修めずして善果を享くるを得《う》べしと思ひ、又は罪悪を犯して其の刑罰を免かれんを祈り、勤勉せずして幸福を冀《こいねが》ふが如き類にして、比々《ひひ》*89然らざるはなし。凡《すべ》ての人事は人力にて左右し得《う》べき者と左右すべからざる者とあり。然るに其の左右すべからざる者を神仏の力によって左右し、己の欲念を肆《ほしいまま》にし、己の悪事を逞《たくまし》うせんと欲するに至る。是れ世界民衆中最も深く根ざせる所の弊害にして、私欲の為めに宗教を悪用する所業なれば、畢竟《ひっきょう》司教者の一大失態と云はざるべからず。

司教者即ち僧侶牧師等は教祖の意を紹《つ》ぎ、民人を教化誘導する大任を有する人なれば、学徳高峻《こうしゅん》にして、社会の木鐸《もくたく》*90たるべき資望*91なくんばあるべからず。然るに之を実際に徴すれば斯《かく》の如き円満なる善知識極めて乏しく、普通の学識ある者其職に当るは古今内外の慣例にして、政躰《せいたい》の編成如何に依《より》ては政事に参与し、教務*92を料理すると共に冠婚葬祭等の典儀をも掌《つかさ》どる者もあり。我国に於ては中世以降僧侶は只管《ひたすら》葬儀を掌《つかさど》るのみにして、国政に参与する職責なきを以て、学識の有無を問はず、罪悪を犯さゞる限《かぎり》は容易に就職し得るが故に、僧侶の品位漸《ようや》く失墜し来り、遂には貧困痴呆羸弱《るいじゃく》*93等にて普通の業務にも堪へざる世間の厄介物が、徒食素餐の目的を以て就職するに至れり。明治初年政府は戒律解禁*94の布令を発するや、渠等《かれら》は欣然として喜び、俄《にわか》に妻を娶《めと》り、肉を啖《くら》ひ、毫《ごう》も憚《はばか》る所なし。渠等《かれら》も亦人なり。食色の欲を恣《ほしいまま》にするも固《もと》より妨げなしと雖《いえど》も、凡俗なる政府の布令を歓迎して、教門に於て制定したる古来の戒律を放棄する、殆んど弊履《へいり》*95の如くなるは、抑《そもそ》も渠等《かれら》が堕落に陥る階序*96なりしなり。又政府に於て外交開始以来各国の宣教師等も亦随《したがっ》て来航し、盛に耶蘇教を宣伝するに及んで渠等《かれら》も亦漸《ようや》く悟る所あり。俄《にわか》に中大学林*97を設立して学識を涵養し、進んで稍《や》や高等なる典籍をも研鑚するに至りたるは聊《いささ》か多とすべきも、而も渠等《かれら》の堕落行為に至っては依然として革《あらた》まる所なきのみならず、歳月を遂《お》ふて益々激甚の度を加へ、今日に及んでは公然地獄も買へば女郎をも買ひ、内福なる坊主に於ては外妾を蓄えて日夜婬慾を恣《ほしいまま》にする始末なり。特にも不埒《ふらち》の極《きわみ》と云ふべきは、法主《ほっしゅ》と云はるゝ堕落坊主某は愚夫愚婦等が浄土参りと称して喜捨する浄財を挙げて婬楽遊興の資に当てたり。渠等《かれら》は斯の如き婬事醜行を敢てするに止らず、物慾の念も亦深甚にして、高利貸を内職として一生懸命に悪銭を溜め、以て得意の者甚だ多く、又財産争奪の為めに紛擾《ふんじょう》を醸《かも》して遂には訴訟沙汰となり、本来なれば渠等《かれら》が教誨《きょうかい》すべき俗人に是非曲直の判決を乞ふが如きは、実に沙汰の限りと謂《い》ふべし。而も恬然《てんぜん》愧色《きしょく》*98なく、当然の事を為す者の如し。甚しきに至ては詐欺、横領等の罪悪を犯して縲絏《るいせつ》の辱《はじ》を受け、以て栄誉とすら思惟する者ありと云ふ。牧師等も亦大同小異の有様にして、僧侶の如き堕落行為はなきものゝ如くなれども、利慾の観念熾甚にして且つ鄙吝《ひりん》*99なる殆んど慾張婆の如き者あり。最も怪訝《けげん》に堪へざるは、教義に反したる行為を敢てして平気の平左を極むることなり。借問す、渠等《かれら》は直覚派主義の学問を修め、天与の道徳を以て世界人類間に伝布すべきものと確信するにあらざるか。渠等《かれら》が博愛主義を宣伝し、只管《ひたすら》個人の救済に尽瘁《じんすい》するは左《さ》もあるべきなれど、個人の集合躰たる国家に対しては毫も救済するの意なく、却って滅亡を願望するが如きは如何。歴史に拠《よ》れば欧州強大諸国の殖民政策を秉《と》るや、世界列国に対する手段たる実に不正不義を極め、未開国なれば直に呑滅《どんめつ》を期し、貧弱国なれば無法にも圧迫を加へて、横暴貪婪《どんらん》*100到らざるなし。然るに渠等《かれら》は之を目撃するに拘はらす、平然として顧みざるが如く、甚しきに至っては白皙《はくせき》人種*101が異人種に対する当然の所為《しょい》として窃《ひそか》に得《とく》色《しょく》*102ある者も尠《すくな》からずと云ふ。何ぞ夫《そ》れ矛盾の甚しき、居常遵奉《じゅんぽう》する博愛主義の教義を無視し、剰《あまつさ》へ異人種を侮辱するに至ては、実に暴慢無礼の至なり。畢竟渠等《ひっきょうかれら》は小恵を貧民等に施して凡俗輩の人心を収め、以て巧に利益を計る者と云ふも過言にあらず。

宗教を以て生命とする僧侶牧師の輩にして、前論したるが如く堕落を極め、破戒無慙《むざん》*103の行為を敢てする以上は、教祖の叛賊《はんぞく》と云はざるべからず。苟《いやしく》も教祖の叛賊たるの身を以て、恬然《てんぜん》として教導の任に当るは人を馬鹿にしたる所業にして、天下広しと雖も、誰か其の教導を得て感化する者あらんや。今日二大宗教の信者其の数無慮八億六千万人の多数なるにも拘はらず、各国為政者○○○○○○○○○○○等、一人として博愛主義の教義を国際間の事に利用するものなく、瓚少《さんしょう》*104の釁隙《きんげき》*105に乗じて横暴を逞《たくまし》うせんと努めざるはなし。社交上に於ても亦然り。人々利益の争奪を以て事と為し、遂には争闘殺傷をも敢てするに至る。偶々《たまたま》此の教義を奉ずるが如きものあるを見れば、我慾の為めに悪事を働かんと欲する者の己が庇護《ひご》の具に供せんとするあるのみ。此の故に教義は善良なれども、千歳一日の如く発展せず、世道民心に益する所なきも亦偶然ならずと云ふべし。

宗教の本質は生民をして性行を向上せしむるもの、則ち徳性修養の道にして、科学的学問は知識を啓《ひら》かしむるものなり。故に共に何れも緊要にして偏廃《へんはい》＊106すべからず。知識と徳行とは、殆んど電気の陰陽ありて其の作用を呈するが如く、常に並び立って顕《あら》はる丶なり。知識ありて徳行なく、徳行ありて知識なければ、決して人徳を全うする人と云ふべからず。世間往々徳行を以て迂遠《うえん》なりと為す者あれども、是れ大なる誤にして社会の文野《ぶんや》＊107に拘はらず、人の人たる所以《ゆえん》は徳行の存否如何にあり。殊に文明の進歩したる今日の於ては、知識は固《もと》より必要なれども、徳行を以て本《もと》と為すにあらざれば世の信用を得ること能はず。即ち世の嫌悪を招くを以て、一身の向上発展を図らんと欲するも其の冀望《きぼう》＊108を達し得べからざるなり。本来徳行は高尚なる利己心の発動にして一見利他行為の如くなれども、結果に依って推究すれば利他にあらずして利己に出ずることを知るべし。古語に、積善の家には余慶《よけい》＊109ありと云へるは、則ち此の機微を洩《もら》したるものなり。徳行の人事に緊切なること斯《かく》の如し。将来社会の進歩其度を進むるに随《したが》ひ人智益々発達し、人智益々発達するに及んで徳行愈々《いよいよ》増進するに至って人智も亦随《したがっ》て発達し、相輔《たす》け相俟《ま》って人徳を研磨せる結果は、道理に適合したる文明社会を構成するの時期に到達するを得ん乎《か》。此秋《とき》に方《あた》って吾人の運命たる生存及び優劣競争の法も亦一変して、道理競争するの必要あれば競争すべけれども、其の必要なければ即ち競争止み、人生百般の事、道理を以て決定するが故に道理統一の時勢を現《げん》ずべきなり。

近時世人は社会の現象を目して文明進歩したる昭代《しょうだい》*110として、之を謳歌せんとすると雖《いえど》も、吾人は決して賛同の意を表すること能はず。今日の社会は科学的学問僅《わずか》に発達して、物質的文明に資する所あるは勿論《もちろん》なれども、社会の風紀は殆んど廃頽し、上下の階級を通じて堕落を極め、獣慾に制せられて醜行に耽ける者あれば、又私慾に駆られて不正行為即ち泥棒を働く者あり。之れ現今社会の現象にして、国民の大多数が健忘症に罹りたる結果なるや否やは分らざれども、之を矯正すべき学者宗教家の輩に至るまで、亦私慾を打算して人生百般の事を処決せんとする有様なれば、此の文明が社会の頽勢に対して毫も資益*111する所はあらざるなり。吾人をして忌憚《きたん》なく批評する所あらしめん歟《か》。今日の社会は私慾の餓鬼たる悪漢等の淵《えん》叢《そう》*112と云ふも決して誣言《ふげん》*113にあらざるべし。曽《かつ》て史乗《しじょう》を閲《けみ》するに、人類は獼猴《びこう》*114類の一種が進化したる者なりと。吾人は固《もと》より其の真否如何を悉《つく》さゞれども、動物躰の遺伝素因を有するは生物学上動かすべからざる確説なれば、前論したるが如き行為を敢てする者等は、則ち獣類の遺裔《いえい》*115たるを立証する次第にして、遠祖なる獣類の名を辱かしめざらんとの意に出でたるもの歟《か》、浩歎《こうたん》せずんばあるべからず。

余弱冠《じゃっかん》*116なるに方《あた》って孟子の云へる性善の説を服膺《ふくよう》*117したりき。是《これ》大なる訛謬《かびゅう》にして一身の困蹶《こんけつ》*118を招きたるもの、職《しょく》として*119之に胚胎《はいたい》*120せずんばあるべからず。抑《そもそ》も孟子が性善の説たるや、民人をして人徳を修めしむるの方便と見れば誤なしと雖も、人性善として、社会全般の人を挙げて、皆善良なる者と信ずるに於ては、往々自ら馬鹿を見ることあるべし。社会の実際を見るに、刻薄《こくはく》*[121]にして惻隠《そくいん》*[122]の心なき者、貪婪《どんらん》にして羞悪《しゅうあく》の心なき者、驕傲《きょうごう》にして辞譲*[123]の心なき者、頑迷にして是非の心なき者、即ち孟子の所謂《いわゆる》人非人が最も多数を占むるにあらずや。人にして果して善良なる者ならば、徳義を以て接すれば、徳義を以て之に応じ、忠《ちゅう》恕《じょ》*[124]を以て遇すれば忠恕を以て之を邀《むか》ふべきの理たるに拘はらず、之に反する者甚だ多し。即ち徳義に応ずるに虚偽を以てし、忠恕を邀《むか》ふるに冷酷を以てするは、吾人の屢々《しばしば》逢着《ほうちゃく》する所にして、甚しきに至っては、恩誼に報ゆるに仇讐《きゅうしゅう》を以てする者あり。子路《しろ》*[125]の始めて孔子に見《まみ》ゆるや、其の勇を狭《せば》めて之を凌がんとし、子貢《しこう》*[126]の始めて孔子に見《まみ》ゆるや其智を狭て之を凌がんとしたりと云ふ。二子は孔門の高弟にして、世人は之に許すに賢哲*[127]を以てす。賢哲なれば善良の人なり。善良なる二子にして猶《な》ほ其の師を凌がんとす。況んや善良ならざる人に於いてをや。是れを以て人の性情の存する所を知るべし。曽《かつ》て小説を誦《よ》みたるに、一個の悪漢ありて生命を救恤《きゅうじゅつ》したる恩人を虐殺して其の財を奪ひ、家を焼きて逃竄《とうざん》したりと。余一読して慨歎の念に堪へざりき。然れども熟々《じゅくじゅく》之を思考すれば、獣類にも均しき人にありては固《もと》より当然の行為にして、余も亦曽《かつ》て之に類する危難に際会するの不幸を見しことあり。廼《すなわ》ち妹婿に今野某なる者ありき。曽《かつ》て其の困難を救ひ、一家数口の生命を庇護したるに、豈計らんや渠《かれ》天賦《てんぷ》姦悪《かんあく》、乱暴にも余の資産を奪はんと計り、悪漢等を糾合し来り、百方脅迫すれども、其の意の如くならざるを以て、更に事実を捏造して訴訟を提起するに至れり。強欲無道の渠《かれ》が図々敷《ずうずうしく》も判官等を欺瞞して勝訴を得んと画策したる心事、実に憐むべく悪《にく》むべきにあらずや。余は為めに寡《すく》なからざる冗費を消失したるのみならず、爾来《じらい》災厄頻発して、老親は逝去し、余は不治の病に罹りて復《ま》た再び社会に出でて生存競争に従事する能はざるの運命に到達したり。是れ余が今日の逆境に沈淪したる次第にて、不明不徳の招きたる孽《わざわい》なれども、然れども渠《かれ》も亦人間の皮を被りたる動物なれば、苟《いやしく》も生命救護の恩誼ある余に対して、之を徳とせざる迄も敢て害を加へざる者と思惟したるは大なる誤なりき。本来人類なる者は、動物界中最悪の動物なりとの学説を辨ぜざるは兎《と》に角《かく》として、固《もと》より獣類にも均しき人間の常態として、大逆無道を敢てするは当然の行為にして、容易に君父を殺《しい》し以て得意快心の事とする者すらあり。故に韓非子*128が既に二千余年以前に於て人君《じんくん》に警告を与へたるも亦偶然にあらざるなり。

　第二十世紀の今日に於ては、社会の進化に準じて人智発達し、私慾の観念も亦随《したがっ》て深甚の度を加へ、智識を詭譎《ききつ》*129の術に応用して巧に金を贏《もう》くるの手段に供する所謂《いわゆる》泥棒学の勃興するに至り、有史以来未曾有《みぞう》の悪劣の時勢と云ふべきなり。現在社会の上流に地位を占め、世俗より推尊せらるゝ将官局長知事、其他大会社の重役等私慾の為め不正を働き、刑事被告人となり、獄裡に呻吟《しんぎん》すると云ふ始末なれば、下流者の泥棒を働きて渡世する者続出するも、亦当然の数にして、稀世の兇賊荒内鎌太郎の如き者生出して、八人殺しの惨劇を演じて、博《ばく》奕《ち》や地獄買の資本を造る等は怪むに足らざるなり。

泰西の物質的文明、輸入せられてより、社会の腐壊《ふかい》一層甚しく、上下の階級を通じて堕落を以て達徳と思惟し、恬然《てんぜん》として泥棒を働き、以て身を立て家を興《おこ》さんとの思潮、渾淪《こんりん》*130磅《ぼう》礴《はく》*131するに至りたるは、之を要するに社会の先覚を以て任ずる福澤諭吉一流の学者輩が、欧米諸国の皮相なる文明に心酔の末、叨《みだり》に愛銭主義を唱導したるもの大に与《あずか》りて力ありたり。畢竟《ひっきょう》するに黄金崇拝主義の中毒と云はざるべからず。故に黄金崇拝主義の弊竇《へいとう》を脱せざる以上は未来永劫泥棒を働く人間減少せざるのみならず、益々増殖するは亦自然の勢なり。諺に云ふ、人を見たら泥棒と思へと。実に当世的堕落人の根性を穿《うが》ちたる金言なり。社会の上流たると下流たるとに拘はらず、一切の人間に対して常に泥棒と見做して予《あらかじ》め警戒を加へざれば遂には尻の毛まで抜かるゝことあるべし。処世の道豈《あに》亦容易ならんや。果して斯《か》くの如くんば処世の方針は如何。余は唯自己の心に於て道理と信じたる道理を信じ、道理と信じたる道理を行ひ、以て処世の道と做《な》さんのみ。

処世之誤（完）

【註】

＊1　琤玻璃の鏡　玻璃は水晶。琤玻璃はくもりのない玻璃。琤玻璃の鏡は地獄の主閻魔《えんま》が亡者の裁判でその生前の行為の善悪を見極めるために用いる水晶製の鏡。この鏡は亡者の生前の所業をことごとく映し出すから隠し立てはできない。

＊2　闕を補ふ　闕は不足、または不完全。

＊3　程頤　（一〇三三〜一一〇七）中国北宋時代の儒学者。河南洛陽の人。伊川先生と称された。兄の程《てい》顥《こう》（伯淳）とともに二程子と呼ばれ、朱子学、陽明学の源流をなす。

＊4　七書　七種の兵法書。宋の元豊中『孫子』『呉子』『司馬法』『尉繚子《うつりょうし》』『三略』『六韜《りくとう》』『李靖問対』を合輯。これを武經《ぶけい》七書という。

＊5　李勣　（五九四？〜六六九）中国唐代の武将。曹州離狐（山東省）の人。元の姓は徐、元の諱《いみな》は世勣。唐より国姓の李を与えられたが太宗李世民を避諱して李勣と改めた。高句麗征服など数々の功績を挙げ、名将と謳われた。

＊6　太宗　（五九九〜六四九）姓諱は李世民。太宗は廟号。唐の第二代皇帝。六二六年、兄の李建成を殺して皇帝の位に就いた。善政で知られ中国史上最高の名君と称えられている。

＊7　万世一期四時　一期は一年。四時は春夏秋冬。

＊8　天道　自然の理。

＊9　兄の臂を紾らしても　兄の腕をねじってでも。

＊10　耶蘇　イエス・キリスト。Jesus（ラテン語）の近代中国音訳語「耶蘇」を日本の字音で読んだもの。

＊11　孔丘　孔子。孔は姓、丘は名、子は後世の尊称である。中国春秋時代の学者、思想家。

＊12　史乗　歴史の書。

＊13　帖木兒郎《チムール》　（一三三六〜一四〇五）チムール帝国の創始者。一三六九年にサマルカンドを首都として王位につき、ペルシャ、グルジア、タタール帝国のほぼ全体を征服。一三九八年にはインダス川とガンジス川下流の間のすべての国を征服した。明を征服するための行軍中にシル河畔で病没した。イスラム教の布教と貿易の振興にも努めた。

＊14　沙立曼帝《シャルルマーニュ》　（Charlemagne　七四二〜八一四）フランク王国カロリング朝の王。七六八年即位。サクソ

ン人、ロンバルド人、サラセン人などを討って版図を広げ、西ヨーロッパのほぼ全域を支配下に置いた。八〇〇年、ローマ教皇から西ローマ皇帝の地位を授けられた。法制を確立、学芸、教育、芸術、農業、商業を推進、その治世はカロリング・ルネサンスとして知られた。

＊15　**彼得大帝**　ピョートル一世（Pjotr　一六七二～一七二五）大帝は通称。ロシアのツァーリ及び皇帝。オスマン帝国、ペルシャと戦争を行ない、とくに北方戦争でスウェーデンを破り、その勝利によってバルト海への出口を獲得し、そこに新しい首都サンクト・ペテルブルグを建設した。行財政、軍、教育、文化、教会などさまざまな分野で改革を行なったが、その乱暴な改革に国民は苦しんだ。

＊16　**壟断**　孟子に由来する語で、高くそびえた場所。商人が高所に登って市場を見渡し、安い物を買占め、高く売って利益を独占した故事から、市の利益を独占するの意。

＊17　**古川**　古河市兵衛（一八三二～一九〇三）京都の人。初め小野組に入り生糸貿易で利益をあげ、後に足尾銅山などの払い下げを受け、鉱山王として名をはせた。

＊18　**藤田**　藤田傳三郎（一八四一～一九一二）山口県の人。明治維新の後、同郷の井上馨ら政府要人の庇護を受けて藤田組を設立。農業、林業、鉱業、金融業を営み巨万の富を築いた。

＊19　**住友**　大坂の富商。初め銅商を営み一六九一（元禄四）年、別子銅山を開く。明治維新後、関連諸産業に乗り出し、住友銀行を中心に住友財閥を形成した。

＊20　**貝島**　貝島太助（一八四五～一九一六）福岡県の人。貝島財閥の創始者。明治維新の後、炭鉱業に従事。西南戦争、日清戦争による好況で事業を拡大し「筑豊の炭鉱王」と称された。

＊21　**帝国大学**　旧制の国立総合大学。明治十九年の帝国大学令により最初に東京帝国大学が設置され、明治三十年に京都帝国大学、明治四十年に東北・九州両帝国大学、つづいて北海道・京城・台北・大阪・名古屋の各帝国大学が設置された。

＊22　**高等師範学校**　中等学校（師範学校・中学校・

高等女学校）の教員養成を目的として設置された旧制の国立学校。
＊23　**尋常師範学校**　小学校の教員養成を目的とした旧制の中等学校。最初の師範学校は一八七二（明治五）年東京に設置された。第二次大戦後の学制改革により大学となり、学芸大学・学芸学部・教育学部などに再編された。
＊24　**被窩子**　売春婦、とくに私娼。私窩子とも書くが地獄が普通。暗い場所に入ることに由来する名という。
＊25　**儀表**　手本、模範、礼儀にかなった姿。
＊26　**漁利**　人をだまして利益を得ること。
＊27　**百尺竿頭一歩進めて**　百尺の長い竿の上にあって、さらに一歩進めること。すでに工夫を凝らした上に、さらに工夫を加えて進むの意。「百尺竿頭進一歩」（『傳燈録』）。
＊28　**覇府**　覇者が政治をとる所。とくに幕府の称。
＊29　**碩学鴻儒**　碩学は深く学問をきわめた人。鴻儒も同義、大学者。「鴻儒碩學、無乏干時」（『晋書』）。
＊30　**昌平黌**　徳川時代、儒学を教えた幕府の学校。林羅山が上野忍ヶ岡に設立した弘文館に始まる。一六九〇（元禄三）年、将軍綱吉が本郷湯島に移して聖堂と称し官学の府とした。
＊31　**高襟連**（英語 high collar）普通よりも高いカラーをつける、すなわち時流を追い服装をかざる連中。転じて時流を追う軽薄な人間を指した。高襟党とも称された。
＊32　**修身齊家**　修身は身を修めること、齊家は家をととのえ治めること。「欲齊其家者、先修其身」（その家をととのえんと欲する者は先ずその身を修めよ）（『大学』）。
＊33　**治国平天下**　国家を治め、世の安寧秩序を保つこと。
＊34　**伯夷叔齊**　弧竹君の二子、武王が殷を討ったのは道にあらずとして周粟を食せず首陽山に隠れて餓死した。
＊35　**顔回愿憲**　顔回は孔門十哲の首位。陋巷に窮居、高い徳行で知られた。愿憲も孔子の門人。性、狷介《けんかい》で清貧に甘んじたことで知られる。
＊36　**箝制**　自由にさせない、自由を押さえつけるこ

と。

＊37　**顔憲二子**　右の顔回と愿憲。

＊38　**尾崎行雄**　（一八五八～一九五四）政治家。神奈川県の人。号は咢堂。明治二十三年、第一回衆議院選挙に当選以来、昭和二十七年に落選するまで二十五回の当選記録をもつ。護憲運動・普選運動・軍縮運動にも活躍。大隈内閣で法相、また東京市長もつとめた。生涯を通じて立憲政治の擁護に尽くし「憲政の神様」の異名を得た。つねに民主主義的正論をもって国政に参与し、潔癖孤高の政治家として憲政史上に特異な存在であった。

＊39　**第二高等学校**　通称二高。旧制の高等学校の一つ。帝国大学の予備教育機関として明治二十七年に、それまでの高等中学校を改組した学校で、当初は第一高等学校（東京）、第二（仙台）、第三（京都）、第四（金沢）、第五（熊本）の五校が置かれた。受験資格は旧制中学校（五年制の男子校）の卒業生で修業年限は三年。第二高等学校は第二次大戦後の学制改革で一九四九年に東北大学教養部となった。

＊40　**教育勅語**　一八九〇（明治二十三）年十月三十日、明治天皇により発布された勅語。国民道徳の根本と国民教育の基本理念を明示したもので、第二次大戦が終わるまで、日本の教育の根本方針であった。

＊41　**服膺**　心に留めて忘れないようにすること。

＊42　**黄嘴**　黄口《こうこう》と同じ。鳥の雛のくちばしの黄色いこと。転じて人間の年少、経験に乏しいことをいう。

＊43　**陳套の説**　古い、ありきたりの説。

＊44　**孔孟**　孔子と孟子。

＊45　**佛耶**　仏と耶蘇（イエス）。

＊46　**黌縁**　学校関係の縁故。

＊47　**帝室**　皇室と同じ。漢語的表現。「帝室皇居、必蓄非常之寶」（孔融）。

＊48　**恩眷**　手厚く目をかけること、引き立て。

＊49　**藩塀**　まがき、転じて皇室の保護たるべき者。

＊50　**干城**　楯と城。ともに国を守るもの、国家防衛の任にあたる武人の称。

＊51　**至尊**　天皇。

＊52　**尽忠報国**　忠義を尽くして国家に報ずる。宋の忠臣岳飛はこの四字を背に刺青した。「有盡忠報國四大字」（『宋史』）。

＊53　**苞苴**　贈り物。転じて賄賂。

＊54　**輔弼**　補佐の意であるが、宰相・国務大臣などが天皇に進言し補佐するところから宰相や大臣をいう。

＊55　**阿附**　おもねりつくこと。

＊56　**折助根性**　主人の目を盗んで怠ける奉公人根性。折助は武家に奉公する仲間《ちゅうげん》の異称。

＊57　**孳々為利者跖之徒也**　「孳々利のためにする者は跖の徒なり」。利益にのみ走る者は跖という大賊の仲間であるという意味。孳々は孜々《しし》と同じで、勉めて怠らぬさま。

＊58　**糜する**　費やす、使い尽くす。

＊59　**弓箭**　弓と矢。

＊60　**古譚**　昔話。

＊61　**一齣**　一こま、一くさり。

＊62　**囈語**　寝言、たわごと、とりとめのない話。

＊63　**靦然**　恥じないさま、厚かましいさま。

＊64　**揚々**　得意な様子。

＊65　**大久保時三郎**　山梨県生まれの博徒。甲府の米屋の妻タケを略奪して上京。途中、金を使い果たしてしまい、行商人を襲うことを考えついた。明治三十八年十一月、行商中の紬《つむぎ》商二人を襲って殺害。現金と反物を奪い、遺体を東京市小石川区の寺の床下に埋めた。翌年二月十九日に逮捕された。明治四十二年二月、大審院判決で死刑確定。同年四月二十三日執行。行年三十七歳（『読売新聞』明治四十二年四月二十四日）。

＊66　**坂本慶次郎**　強盗常習犯。足が速く、一日に四八里も走ると噂され、その神出鬼没ぶりから「稲妻強盗」と呼ばれた。明治二十一年に強盗罪で無期徒刑の判決を受け北海道習治監に収監されたが、明治二十八年九月に脱獄し、以後関東地方を荒しまわった。刀剣で武装し人を殺傷した。被害件数は四十五件、奪った金は七百円余。三人を殺害し、十三人に重傷を負わせた。明治三十二年二月に埼玉県で逮捕され、同年十月水戸裁判所で死刑の判決を言い渡された。明治三十三年二月十七日、市ヶ谷監獄支署で刑が執行された。辞世の句「悔ゆるとも罪の報いを逃げざれば悪しき名をこそ後に残せり」を残した。

＊67　**王公将相**　王公は天子と諸侯、すなわち貴顕の者をいう。将相は将軍と宰相、すなわち力量ある人物をいう。

＊68　儒生　孔孟の道を学ぶ者。

＊69　弓削道鏡　（？〜七七二）奈良時代の法相宗の僧。河内の人。称徳天皇の寵愛を受け、七六五（天平神護元）年、太政大臣禅師、ついで翌年、法王の位を授けられたが腹心の僧と一族をもって政権を固め、専横を極めた。七六九（神護景雲三）年、自分が皇位に就いたら天下が太平になるとの宇佐八幡の神託があったと偽って皇位を狙ったが和気清麻呂によって阻止された。称徳天皇崩御の後、道鏡はたちまち権勢を失い、下野国薬師寺別当に左遷され、配所にて歿。

＊70　君恩　君主（天皇）の恵み。

＊71　神器を覬覦したる　神器は三種の神器《じんぎ》。皇位継承の象徴として代々の天皇に受け継がれる三種の宝物。八咫鏡《やたのかがみ》、天叢雲剣《あめのむらくものつるぎ》、八尺瓊勾玉《やさかにのまがたま》を指す。覬覦は下から上に向かって窺がい望むこと。したがって「神器を覬覦する」とは皇位を狙うの意。

＊72　玄宗皇帝　（六八五〜七六二）唐の第六代皇帝。在位四十五年。玄宗の治世は名相たちに助けられて、民政は安定し経済は繁栄し、開元の治と呼ばれたが、晩年政治に倦み、道教に凝って国費を浪費したほか、三十五歳年下の楊貴妃を寵愛して浮名を流した。奸相李林甫が国政を握り、その死後七五五年に安禄山の変が起こり蜀に逃れた。乱の後、長安に戻って歿。

＊73　桂太郎　（一八四七〜一九一三）軍人、政治家。公爵。陸軍大将。長州（山口県萩）に生まれる。奇兵隊に属し戊辰戦争に参加した。明治三〜六年ドイツに留学。明治十一年、参謀本部に入り陸軍の育成に尽力。明治十九年、陸軍次官としてフランス式軍制をドイツ式に改めた。日清戦争には第三師団長として従軍。明治三十一年、第三次伊藤内閣以降、陸相を歴任。明治三十四年第一次桂内閣を組閣。日英同盟を締結、日露戦争を遂行した。第二次内閣（明治四十一年）では、そのころから盛んになってきた社会運動に対して大逆事件をはじめ、さかんに弾圧を加えた。明治四十三年には日韓併合を断行し、大陸侵攻のための足場を築いた。第三次内閣（大正二年）は七十余日の短命に終わり、下野した。

＊74　阿鯉　（一八八〇〜一九四八）「桂公のお鯉さん」と呼ばれた。本名は安藤照子。東京四谷の漆器屋に生まれたが、生家が破産したため六歳で新宿の茶屋

の養女となり、十四歳で花柳界に入り、新橋芸者となる。歌舞伎役者の十五世市村羽左衛門に見初められて結婚するが、結婚は破綻し、ふたたび芸者となる。桂太郎と阿鯉の出会いは日露戦争である。戦争遂行に明け暮れる桂に休息を与えようと、山縣有朋がなじみの芸者阿鯉を桂に紹介する。阿鯉は桂の愛妾となって桂が赤坂榎坂町に用意した妾宅に住んだ。桂が他界したとき阿鯉に三万八千円が遺贈されたという。阿鯉は後に仏門に帰依し、目黒の羅漢寺の尼住職となり、昭和二十三年、六十九歳で他界した。羅漢寺には阿鯉を祀った「お鯉観音」がある。

＊75　縲絏　罪人を縛る黒い縄。縄目にかかること、または牢屋。

＊76　桀紂主義　夏《か》の桀王と殷《いん》の紂王。ともに暴君として名高い。桀紂主義は桀王・紂王のように自分の身を忘れて欲望のままに生きようとする態度。

＊77　民風廓清　民風は人民の風俗習慣。廓清は払い清めること。「廓清天下」（『後漢書』）。

＊78　匡済　正し救って善に導く。

＊79　揆一　これを計るにその道同じなりの意。「先聖後聖其揆一也」（『孟子』）。

＊80　賦稟　天から授かった性。生まれつき。

＊81　済度　仏が衆生を救い苦海を渡って極楽に至らしめること。

＊82　輓近　近頃、最近。

＊83　干戈　楯《たて》と矛《ほこ》。転じて武器または戦争。

＊84　輯睦　仲良く睦まじくすること。

＊85　世道民心　世道は人が守るべき道徳。民心は民の心。

＊86　簇生　むらがり生じること。

＊87　化醇　気化すること。「萬者化醇」（『易経』）。

＊88　延暦、園城、興福　それぞれ延暦寺（大津市坂本町）、園城寺（大津市園城寺町）、興福寺（奈良市登大路町）。僧兵を養い暴威を振るったことは有名。

＊89　比々　数多い様子。「比比皆然《ひひみなしかり》」いずれも皆同じの意。

＊90　木鐸　木の舌のある金属製の鈴。昔、法令を民衆に知らせるときに鳴らした。転じて、教えを授け一世を指導する人。「天將以夫子爲木鐸」（『論語』）。

＊91　資望　地位と名望。位と評判。「惟資望而已」

（秦観）。
＊92　教務　宗教団体で宗門の事務。
＊93　羸弱　か弱いこと。
＊94　戒律解禁　一八七二（明治五）年、政府は僧侶の肉食・妻帯・蓄髪を許可する布令を出した。
＊95　弊履　破れた古い履き物。
＊96　階序　きざはし、階段。
＊97　中大学林　学林は学校・塾。明治以降、キリスト教宣教師による学校設立に対抗して、仏教界でも中等・高等教育を行なうための学校の設置が進められた。
＊98　恬然愧色なく　恬然は、悪事を働いても悪や恥の意識が皆無で平然としているさま。「恬」は安静の意。愧色は、恥じる顔色。
＊99　鄙吝　卑しい心。「鄙心」と同じ。
＊100　貪婪　むさぼること。貪は財貨を惜しむこと、婪は食物を惜しむこと。「衆皆競進以貪婪」（列氏）。
＊101　白皙人種　白色人種。白皙は皮膚の色の白いことをいう。
＊102　得色　得意の顔色。
＊103　無慚　恥を知らないこと。無恥。
＊104　瓚少　ごく少量、わずか。
＊105　釁隙　仲たがい。
＊106　偏廃　一方のみを止めること。
＊107　文野　文明と野蛮。
＊108　冀望　希望と同じ。
＊109　積善の家には余慶あり　善徳を積む家にはその報いとして子孫に至るまで慶福がやって来る。「積善之家必有餘慶、積悪之家必有餘殃」（『易経』）。
＊110　昭代　太平無事の世。
＊111　資益　助けて益をもたらす。
＊112　淵叢　淵は魚が集まる場所、叢は鳥獣が集まる場所。よって人や物がたくさん集まる場所をいう。
＊113　誣言　事実を曲げていう言葉。偽りの言葉。
＊114　獮猴　猿、大猿。
＊115　遺裔　ずっと後の子孫。
＊116　弱冠　男子の二十歳をいう。また年若いこと。
＊117　服膺　心に留めて忘れないようにする。
＊118　困蹶　苦しみつまずく、困り悩むこと。
＊119　職として　主として、もっぱら。

＊120 **胚胎** 物事の基づく所。原因が生じること。

＊121 **刻薄** 残忍で薄情。「商君天資刻薄人也」（『史記』）。

＊122 **惻隠** 可哀そうだと同情すること。「惻隠之心仁之端也」（惻隠の心は仁の端《たん》なり）（『孟子』）。

＊123 **辞譲** 年上・目上の人に対して礼儀をもってすること。または、へりくだって断ること。

＊124 **忠恕** 人をいたわり憐れむ心。「夫子之道、忠恕而已矣」（『論語』）。

＊125 **子路**（前五四三～前四八一）孔門十哲の一人。姓は仲、名は由。季路とも呼ばれる。『論語』では、しばしば字の子路で登場する。性質は粗野で武勇を好み、初め孔子に無礼を働いたが、孔子は「君子は義を上とす」と言って子路を戒め彼を弟子とした。弟子の中で『論語』に登場する回数がいちばん多い。

＊126 **子貢**（前五二〇～前四四六）孔門十哲の一人。姓は端木、名は賜。子貢は字。孔子より三十一歳若い。才気渙発で弁論に優れ、また外交手腕にも秀でていたという。表現力の豊かさは孔子を上回るとすら言われた。

＊127 **賢哲** 才智のある人。人物がすぐれ道理をよくわきまえている人。

＊128 **韓非子** 韓非（？～前二三三）の敬称。韓非は中国、戦国時代の法家。しばしば韓王を諫めたが相手にされず著書『韓非子』を著わした。かつて性悪説を説く荀子に師事した。非違の行為を礼によって矯正すべきとした荀子に対し、法律・刑罰によって非違を抑制すべしと説いた。

＊129 **詭譎** 偽り、たくらみ。

＊130 **渾淪** 混じること、混ざること。混沌。

＊134 **磅礴** 混じって一つになること。混同。

あとがき

我が家で、祖父目黒順蔵が話題になることはほとんどありませんでした。仙台藩士の順蔵じいさまが戊辰戦争の後、東京に出て八王子病院院長などを勤めて亡くなり、その後、東京都本所区の家も大正十二年の関東大地震で一切が灰燼に帰してしまい、順蔵を語るものは何もないと言われてきました。『仙臺人名大辭書』（一九三三）に、その名前を見るだけでした。

順蔵の孫の目黒士門と伴侶の私は停年を迎え、士門が三十余年空き家だった大阪の実家を整理していると、父目黒三郎の書斎から祖父目黒順蔵の手書きの遺稿を見つけました。それは奇跡的に難を逃れた文章群で、それまで知ることのなかった順蔵の言葉が力強い筆致で綴られていました。

これは戊辰戦争後、敗北の地仙台で朝敵として生きねばならなかった青年士族の実録である、と士門に熱が入っていきました。「なぜ、祖父順蔵がカトリック信者となりフランス語に堪能だったのか」「父三郎がなぜ『仏蘭西廣文典』を上梓したのか」。孫の自分の現在地を思い、士門は「順蔵遺文」を読み解きながら、次第に個人的な資料ではなく、幕藩体制から明治へと移った時代の一面を語る資料として世に問いたいとの思いをふくらませていきました。目次をつくり、註を付け、評伝を書き、出版に向けてのめりこんでいったものの、志半ば命運およばず急逝しました。その無念を受けて私は筆を執りました。

ちなみに目黒士門と私は結婚当初、仙台のもう一人の祖父の家に住んでいたことがあります。母方の祖父中目覚《なかのめあきら》（初代大阪外国語大学学長）は太平洋戦争のあと仙台に戻り、空襲で庭だけが残った屋敷に小さな家を建てて老後を過ごしていました。そこへ、孫の一人の目黒士門が大阪の高校から東北大学に入学して、祖父母の無聊をなぐさめました。池に架かる石橋の向こうに大きな石灯篭があり、ケヤキの大木に囲まれた庭の佇まいが今でも目に浮かびます。祖父の家には旧制第二高等学校の旧友たち土井晩翠をはじめ、高橋里美、黒川利雄や後輩たち、街のディレッタントが集まって談論風発の時間を過ごしたといいます。

仙台は伊達政宗が支倉常長をローマまで派遣したり、林子平が『海国兵談』（一七九一）や『三国通覧図説』（一七八五）を上梓して富国強兵を唱えたり、杉田玄白に依頼されて『重訂解体新書』（『解体新書』の改訳、一七七四）を書いた大槻玄澤、勝海舟とともに渡米し『欧米日録』

（一八六〇）を著した玉蟲左大夫などの学風、気質が残っていて、昔から東北大学など学校が多く、論客や一言居士が集まる街でした。そのような自由な発想と学究の気風溢れる街に目黒順蔵は生まれ、江戸から明治にかけての未曾有の転換期に江戸に出てカトリックに出会い、時代の先端を学び、医師として人々のために駆け抜けたのでした。

さて第一部で目黒士門が評伝をまとめていますが今一度、目黒順蔵の生涯を辿ってみたいと思います。

目黒順蔵は一八四七（弘化四）年に仙台藩士の家に生まれ、十五歳で藩校、養賢堂漢学部に入学します。養賢堂は仙台藩の学問所として一七三六年に建てられ、内外の情勢に合わせて改革を重ね、文武両道、佐幕開国そして尊王の牙城でもありました。東北大学の前身といえる学問所です。なかでも学頭大槻平泉は大槻玄澤門下の蘭方医を迎えて「医学館」を設置し、日本最初の西洋医学校となりました。順蔵の兄行蔵はここで学び医者となり、また十五歳の順蔵はここで生涯の友となる大槻文彦（『大言海』の著者）に出逢っています。

一八六八年、会津藩討伐の令が下ると、二十一歳の順蔵は白河口の戦いに参戦し三か月で惨敗。新政府軍はそのまま占領軍となって仙台に留まり、幕政制度の改革と旧藩士への取り締まりをはじめました。戊辰戦争の激情が町中に溢れ、旧藩士たちは捕縛され斬首、投獄、流刑などに処せられ、その凄惨な様子が今に伝えられています。

　赤貧の順蔵はロシア正教に顔を出し、また収監されたりする三年を過ごすなかで、江戸に出た友人鈴木亦人から一通の手紙をもらいます。それは築地外国人居留地に、食住と学費無料のフランス語塾が開設されたという報せでした。順蔵は最先端の知識と技術を求めすぐに江戸に向かい、マラン塾（英語読みマリン塾）へ入塾、ここでフランス語とカトリックに出会います。

　マラン塾とは、パリ宣教師会（パリミッション）の宣教師マラン神父が禁教下の一八七一（明治四）年七月、築地八丁堀鉄砲洲稲荷橋に開いたフランス語塾です。無料の食住はもとよりフランス語と最先端の西欧文化を身につけようと、奥羽越諸藩など東軍各地から敗残の青年士族たちが大勢集まりました。塾の噂はまたたくまに広まり塾生は二百人を数え、六〇％以上が仙台藩と南部藩出身者であったと報告されています。のちに平民宰相とよばれる原敬もその一人でした。順蔵も原敬もマラン塾で共に一年間学んだのちキリストに救いを求め、己の良心にのみ従う倫理観をもってカトリック（天主教）の洗礼を受けます。

　フランス革命を潜り抜けてきた宣教師たちの熱意と温情にみちた真摯な姿勢は、藩の瓦解を目前にして呆然自失の順蔵たちの心を鷲づかみにしました。順蔵はその時の感慨を新聞草稿（遺文「道は人間の大典なり」）に熱く語っています。

道は人間の大典なり。教《おしえ》は人道の大経なり。道を離れて教なく、教を離れて道なし。故に能《よ》く道を脩《おさ》むるを善教と謂《い》ふなり。〔……〕曰く生民《せいみん》慈倫の典常、万世不易の一大要道なり。

（本文一三八頁）

人はみな平等に天主の子であるのだから、互いに愛し合い助け合わなければならないというキリストの教え。西洋各国が隆盛を極めているのは国の根本に「天主」を奉じる教えがあるから。「今、維新の隆盛に際し天主教をもって皇国のために尽くしたい」

武士として忠誠を尽くしてきた「主」を失い、転向を迫られた順蔵は「天主」を絶対的「主」として生きる道を見出したのでした。「主」にのみより頼み、己の良心にのみ従う。

十九世紀のカトリックの総本山バチカンは、日本の再宣教を修道会ではなく、直接パリ宣教師会に委ねました。バチカンが宣教師に求めたのは日本語に習熟し日本文化や風習を尊重しつつ、自由に大胆に地方の町や村で日本人の日常生活の中に入り、「最も小さいものに仕えよ」でした。そこに至って初めて宣教があり、日本人司祭の養成があるのであると。またバチカンは宣教師が他国の国政に携わることを、きつく禁じていました。

明治新政府によるキリスト教迫害は厳しく続いていました。日本に向かった宣教師たちは入国を果たせず禁制高札が撤去されるまで十年近く、琉球国那覇で日本語を学んでいました。一八七三（明治六）年、禁教令が解除されてようやく、相次いで来日した神父たちは活発な活動を開始しました。こうして語学塾としてのマラン塾は閉鎖され、正式に本来の姿、築地カトリック教会となり、司祭養成の機関となりました。洗礼を受けフランス語を学び、自由・平等・博愛の息吹きを受けた順蔵や青年士族たちは、マラン塾から資金を与えられ、それぞれの故郷へと帰っていきました。

たとえ二年であってもカトリック神父たちと暮らし洗礼を受けた青年たちは故郷の人々に何を伝えたか。教義だけでもなく信仰の強要でもなく、身に浸み込んだ〝人間としての在り方〟、それはフランスの共和精神、民主主義でもあったでしょう。新しい時代を胎動させる種が奥州越列藩、東軍の地方一帯に広く蒔かれたといえます。中央から離れた周辺から新しい世代が誕生しつつありました。

順蔵は、神奈川県葉山の小学校校長に迎えられます。しかし長兄急逝に伴い、仙台に戻らねばならなくなります。そこで、横浜の伝道所でテストヴュイッド神父を手伝いながら医師の資格を取得します。

宮城病院（東北大学病院の前身）の医師の職を得て仙台に戻った順蔵は、県の中枢を占める人々がすべて薩長土肥新政府（西軍）出身者であることに驚きました。士族たちをはじめ商工業者、農民、僧侶など誰もが政治に翻弄され、新しい社会を求めて奔走する時勢になっていました。新政府の専制的な政治は目に余り、生活は窮迫していましたから、反目する空気に平等と自由と平和を求める思想を生みだす結果にもなりました。順蔵は自由民権運動の青年たちに慕われて、紆余曲折の日々を過ごしていきます。

次に院長として転勤した米どころの県立古川病院（古川市＝現大崎市）では、順蔵は昼夜分かたずの診療、また無料診療もおこないました。すると大勢の人々が集まり門前市をなす有様が問題とされ、金華山沖に位置する無医村の離れ小島、田代島に移らざるを得なくなります。やがて順蔵は仙台に戻って開業、仙台医師会員として地域医療に力を注ぎながら、仙台の聖パウロ修道女会の孤児院や施療院を熱心に手伝っていたと記録されています。

一八九九（明治三十二）年、順蔵五十二歳にして待望の男児目黒三郎が誕生しました。順蔵は三郎にカトリック信者としてフランスの教育を受けさせたいと切望し、五十九歳で東京に移住。東京八王子病院院長の職を得て、三郎を暁星小学校（カトリック教育修道会マリア会創立）に入学させました。東京での暮らしを語る記録は今では皆無ですが、故郷仙台を去るにあたっての所感を『處世之誤　一名　誡世痴談』（一九一四）としてまとめたものが残っています。そこへは竹馬の友大槻文彦が序文を寄せています。

地位名望ある人に皆君子なれとは望まねど、唯《ただ》尋常の道だに守りてあらは世の風儀に莫大なる影響あらん。此論以て本篇の闕《けつ》を補ふ。

（本文一九一頁）

この小冊子には殖産興業で一気に国力を蓄えていった明治維新の渦中にあって、時代におもねることのなかった順蔵の心意気が率直に吐露され、また時代の趨勢を活写しています。そして一九一八（大正七）年、東京に移って十二年後、順蔵は三郎の東京外国語学校（現東京外国語大学）の卒業を待たずして亡くなりました。享年七十一歳でした。

なお、目黒三郎は亡父順蔵の期待に応えて東京外国語学校仏語部を首席で卒業します。そして弱冠二十一歳にして小樽高等商業学校助教授に迎えられ、のちに大阪外国語大学教授に移籍してフランス留学後、大槻文彦の『廣日本文典』にならい『仏蘭西廣文典』（共著、白水社、一九二六）を上梓しました。三郎は父順蔵と同様、カトリック信者として己の信じるところを剛直に生きました。

百五十年前、戊辰戦争後の疲弊した村々や町を、尋常の道〝愛の教え〟を説き実践しながら歩いていた順蔵のような青年士族たちの言葉と行動は、たとえ信仰という形を取らなくとも、中央から遠く離れた地方の人々に新しい視界と生きる道と力を与えたことは語られなくてはなりません。恵まれることも評価されることもなく、しかし新しい世代の確かな胎動を促し、明治時代という日本の近代化を底辺で支えました。それは善意と理想を抱き、新しい社会を目指す市井の人々の群れでした。その道の先に原敬（平民宰相）や山上卓樹（カトリック自由民権運動）、千葉卓三郎（五日市憲法草案）たちがいて、日本最初の神山復生院（ハンセン病治療院）や仁慈院（孤児院）などがあります。

内村鑑三は〝武士道に接ぎ木されたキリスト教〟という言葉を残し、新渡戸稲造は日本人が共有する特性にキリスト教を繋いで『武士道 *Bushido: The Soul of Japan*』(1900) を書き上げています。一方で、「目黒順蔵遺文」には〝キリスト教を吸い込んだ武士〟の素朴ともいえる実直で不器用な姿があります。

順蔵の信仰は「主は天にあり」の確信です。命をかけて守るべきものは「人の命」、従うべきは「己の良心のみ」。人は平等であり自由に慈しみ合わねばならないという信念を頑なに通した順蔵の、戊辰戦争を経て新しい道を求め歩き続けた姿は、私たちが「在るべき社会」を考える今、鋭い示唆を与えるものではないでしょうか。

明治憲法は君主制であっても、民主主義を踏まえた箇所もありました。自由民権運動は挫折したものの大正デモクラシーの時代に繋がっています。凄惨な敗戦を経験した七十三年前、欣喜雀躍しながら手にした平和国家と平和憲法と民主主義を、そして国のかたちをこれから私たちはどう伝えていくのでしょう。明治維新百五十年記念の祝祭は戊辰戦争百五十年忌でもあることを思い、本書を世に問います。

付言すれば、目黒士門は祖父順蔵と父三郎の衣鉢を忠実に継いで、東北大学文学部博士後期課程を出てフランス留学後、南山大学からフランス語教師の道を辿りました。『仏蘭西廣文典』の改定を繰り返し、二〇一五年の急逝直前には『現代フランス広文典〈改訂版〉』第四版（白水社）を上梓しました。小樽商科大学を経て、岩手大学人文学部の創設、東洋英和女学院大学の創設に関わり、あちこちに日仏協会を立ち上げています。

なお、付け加えますと、「第一部　順蔵の生涯」は目黒士門が遺した数篇の原稿を資料に添って読み返し私が加筆修正しています。またマラン塾の洗礼者名簿に目黒順蔵や原敬と並んで私の祖父江馬耕太郎（十二歳）の名前がありました。曾祖父江馬耕蔵（仙台藩士）は早い時期に脱藩し長男耕太郎を連れて横浜の外国人居留地に身を寄せたと思われます。江馬耕蔵は一八七八（明治十一）年仙台に「主心学舎」を開設、耕太郎は江馬活版所を設立し、『欧南遺使考』（平井希昌編纂、明治二十四年）を翻刻印刷し出版しています。蒔かれた種は思いがけないところで芽を出していました。

ここに「順蔵遺文」を世に出すことが出来ましたのは、皆様方のご厚情とご教唆のお蔭でございます。ありがとうございました。

なによりも風濤社におかれましては、このような著者を受け入れ出版に踏みきられたのにはかなりのご英断であったろうと思われます。鈴木冬根氏はお心を寄せて丁寧に編集してくださいました。エッセイストで写真家のみやこうせい氏のご紹介でした。

東京大学名誉教授加藤晴久先生はじめ、日本フランス語フランス文学会、日本フランス語教育学会、日本仏史学会の先生方や、研究者の皆様からたくさんのご助言と資料をいただき、支えられて目黒士門はこの原稿に取り組んでおりました。しかし未完結のまま急逝、遺された原稿と資料を前にして戸惑っている私をまた、皆様は励ましてくださいました。

東北大学名誉教授の野家啓一先生には重ねてご教唆いただきました。岡田愛己様はご高齢にも拘わらず、「詩鈔」を翻案してくださいました。心からお礼申し上げます。ありがとうございました。

目黒順蔵百年忌
二〇一八年五月十日

目黒安子

主要参考文献

【総記】
菊田定郷『仙臺人名大辭書』仙台人名大辭書刊行會、昭和8年
『宮城県史』35巻、宮城県史刊行会、昭和29-62年
貫達人監修『図説神奈川県の歴史』上下、有隣堂、昭和61年
『角川日本地名大辞典　第4巻　宮城県』角川書店、昭和54年
『日本歴史地名大系　第4巻　宮城県の地名』平凡社、昭和62年
『日本キリスト教歴史大事典』教文館、昭和63年
『新カトリック大事典』全4巻、研究社、平成8-21年
「安政補正改革仙府繪圖」安政3-6年、宮城県図書館蔵
『仙臺藩士族籍』宮城県図書館蔵
『奥羽史料伊達家世臣録』香雪精舎、明治38年
『家禄奉還始末録（三）』宮城県図書館蔵
菊地勝之助『仙台地名考』えんじゅ書房、昭和32年
高木一雄編、白柳誠一監修『カトリック東京教区年表』カトリック東京大司教区、平成4年
『仙台白百合学園歴史資料集　第1編（仙台女学校時代）』仙台白百合学園、平成8年
『広がる愛未来へ――仙台白百合学園１００年のあゆみ』仙台白百合学園、平成5年

【戊辰戦争時代】
下飯坂秀治編、大槻文彦校『仙臺戊辰史』下飯坂史蝸牛堂、明治35年
藤原相之助『仙臺戊辰史』東京大学出版会、明治44年
村上一郎『明治の群像2　戊辰戦争』三一書房、昭和43年
窪田文夫『ふるさと小斎の歴史』上下、窪田文夫発行、平成2年
星亮一『奥羽越列藩同盟』中公新書、平成7年
星亮一『謀略の幕末史』講談社＋α新書、平成21年
高田宏『言葉の海へ』同時代ライブラリー、岩波書店、平成10年
半藤一利「幕末史と平成日本、明治維新は非情の改革だった」、『文藝春秋』平

成21年5月号

【明治初期、マラン塾・東京ラテン学校関係】
高木一雄『明治カトリック教会史研究』全3巻、キリシタン文化研究会、昭和53-55年
小野忠亮『北日本カトリック教会史』中央出版社、昭和45年
Catalogus Baptizatorum in Distictu Kanda, Tokyo、東京カトリック神田教会洗礼台帳、カトリック神田教会所蔵
太政官『耶蘇教諜者各地探索報告書』(諜者東郷巌報告9本、諜者野上二郎報告7本、合計16本) 早稲田大学図書館所蔵
文園章光「太政官諜者報告にみる仙台人の動静(一)」、『仙臺郷土研究』復刊、第2巻第2号、通巻215号、仙台郷土研究会、昭和52年
文園章光「太政官諜者報告にみる仙台人の動静(二)」、『仙臺郷土研究』復刊、第3巻第1号、通巻216号、仙台郷土研究会、昭和53年
本宿賢郎氏談「東都に於る公教会の揺籃時代」、『聲』第411号、三才社、明治43年
田口生編『青年原敬と天主教に関する史料』史料原敬、第1巻第1部、一冊の本編集室、平成8年
青山玄「神田教会百年史」、『カトリック神田教会百年のあゆみ』カトリック神田教会、昭和49年
江馬成也『潮光亭雑記』江馬成夫発行、平成13年
『ここに「欧南遣使考」がある——江馬印刷株式会社百年史』江馬印刷株式会社、平成3年
井上哲次郎・常盤大定・徳重淺吉編『明治佛教全集　第八巻　護法篇』東京陽春堂、昭和10年
滑川明彦『ことばと文化——日仏の出会い』私家版、平成19年
『光榮の葉山——葉山郷土の發達史』神武天皇御即位二千六百年奉祝記念出版、神奈川県葉山町、昭和15年
小河織江「ジャン・マラン神父——明治初期の宣教」、『仏蘭西学研究』第18号、日本仏学史学会、昭和62年
小河織江「北日本の宣教——テストビュト神父の書簡を廻って」、『仏蘭西学研究』第28号、日本仏学史学会、平成10年

【医学関係】
唐沢信安『済生学舎と長谷川泰』日本醫事新報社、平成 8 年
横井寛編『内務省免許全国醫師薬舗産婆一覧』第 2 号、第 4 号、英蘭堂、明治 15 年、17 年
『仙臺市醫會會報』第一回、第二回、明治 29 年
樋口輝雄『明治医師人名鑑』第 104 回日本医史学会総会発表資料合冊、平成 15 年
日本眼科学会百周年誌編纂委員会編『日本眼科を支えた明治の人々』思文閣出版、1997 年
青木大輔『宮城県衛生史』前編、宮城県史刊行会、昭和 35 年
『仙台市医師会史——二十世紀の歩み』仙台市医師会、平成 12 年
『宮城縣一市四郡四民便覧』明治 28 年、仙台市博物館蔵

【新聞】
『横濱毎日新聞』2265 号、明治 11 年 6 月 18 日
『新聞集成明治編年史』第 3 巻、明治 11 年 6 月

目黒順蔵　略年譜

（旧暦）

西暦	元号	目黒順蔵
1844	弘化元年	
1847	4年	1月24日 目黒順蔵生まれる
1848	嘉永元年	
1851	4年	
1854	安政元年	
1855	2年	
1858	安政5年	
1860	万延元年	
1861	文久元年	
1862	文久2年	仙台藩校養賢堂漢学部入学（15歳）
1865	慶應元年	
1866	2年	
1867	3年	
1868	明治元年	戊辰戦争に出陣 敗戦で帰宅、養子として手戸家に入る
1869	明治2年	手戸家を去り木田八十吉の小舎に住む

日本国内の動き	世界の動き
フォルカード神父が那覇上陸	
天草の乱、南部藩一揆	
外国船、対馬から蝦夷の海岸線に出没	仏、二月革命
ジョン万次郎帰米	
日米英露和親条約調印、仏軍艦函館入港	クリミア戦争勃発（英仏：露）
10 月 安政江戸地震	
6 月 日米修好通商条約 8 月 日英露修好通商条約 9 月 日仏修好通商条約	天津条約（清国：英米仏露）
桜田門外の変	
最初のカトリック聖堂献堂式（横浜居留地）	（米）南北戦争勃発
	（プ）ビスマルク時代、（清）同治中興
長崎大浦天主堂で旧信徒発見	リンカーン暗殺
横須賀製鉄所起工式（聖ルイ聖堂建立）	
徳川昭武、パリ万博に出発 1 月 13 日 第一次フランス軍事顧問団来日 10 月 徳川慶喜大政奉還を上表 12 月 王政復古の大号令 全国各地に農民一揆	ドイツ連邦成立
3 月 戊辰戦争起こる（鳥羽伏見の戦い） 9 月 8 日 明治と改元 9 月 15 日 仙台藩降伏 9 月 22 日 会津藩降伏 浦上キリシタン 3000 人の弾圧に各国抗議	
	スエズ運河開通

1871	明治 4 年	1 月 父陽吉他界 10 月 東京に出てマラン塾に入塾
1872	明治 5 年	カトリックの洗礼を受ける
1873	明治 6 年	葉山・山口学校（小学校）の校長となる
1874	明治 7 年	長兄の逝去に付き家督相続
1876	明治 9 年	医学校「済生学舎」に入学 神奈川県多摩郡砂川村を中心に宣教を手伝う
1878	明治 11 年	北多摩郡砂川伝道所設立
1879	明治 12 年	半田はなと結婚。宮城病院医師として仙台に帰る
1880	明治 13 年	古川病院長に就任、石川桜所と往還
1883	明治 16 年	古川病院長を辞して田代島に開業
1885	明治 18 年	仙台に戻り開業
1889	明治 22 年	
1890	明治 23 年	
1891	明治 24 年	仙台医師会会員表に目黒順蔵の名あり
1894	明治 27 年	シャルトルの聖パウロ修道女会の医療活動を助け無料診療を行う
1895	明治 28 年	
1897	明治 30 年	
1899	明治 32 年	11 月 5 日 長男三郎誕生
1904	明治 37 年	
1905	明治 38 年	
1906	明治 39 年	東京に転居。三郎、暁星小学校入学
1914	大正 3 年	『処世之誤　一名　誡世痴談』を公刊
1918	大正 7 年	9 月 28 日 東京本所区で逝去（71 歳）、仙台泰心院に眠る

マラン塾開設(東京築地居留地)	ドイツ帝国成立 (仏) パリ・コミューン
新橋 - 横浜間に鉄道開通	
切支丹禁制の高札撤去される	
古川市兵衛、足尾銅山の経営開始	印度帝国の成立
盛岡仏語共立学校開設 7月 仙台主心学舎開設	パリ万国博に参加
新政府、ボアソナードに民法起草を依頼	
7月 大日本帝国憲法公布 神山復生病院開設 (御殿場) 大槻文彦『言海』執筆、公刊 (1889-1891)	
帝国議会開催される	
	8月 清国に宣戦布告
	4月 日清講和条約調印
田中正造、足尾銅山鉱毒停止請願始める 大槻文彦『廣日本文典』公判	
	(清) 義和団事件
日比谷焼討ち事件	日露戦争始まる
夏目漱石『我輩は猫である』	日本海海戦　日露講和条約
	第一次世界大戦に参加
米騒動全国に波及	シベリア出兵

目黒順蔵

めぐろ・じゅんぞう

1847-1918

仙台藩士の家に生まれる。15歳で仙台藩校養賢堂漢学部で学ぶ。21歳で戊辰戦争に参戦。24歳で東京・築地のマラン塾にてフランス語とカトリックに出会う。済生学舎で医学を学び医師免許を取得。32歳で仙台に戻り地域医療、青少年指導に尽力する。宮城病院勤務、古川病院長を経て再び仙台で開業する。59歳で再度上京し八王子病院長。71歳没。

目黒士門

めぐろ・しもん

1933-2015

大阪生まれ。東北大学大学院文学研究科フランス文学専攻博士課程修了。元小樽商科大学、岩手大学、東洋英和女学院大学教授。『現代フランス広文典〈改訂版〉』(白水社、2015) など、フランス語関係著作多数。

目黒安子

めぐろ・やすこ

1935年仙台生まれ。東北大学文学部フランス語フランス文学科卒業。元アレン国際短期大学教授・学長、頌美学園理事長。『みちのくの道の先——タマシン・アレンの生涯』(教文館、2012) など。

戊辰戦争後の青年武士とキリスト教
仙台藩士・目黒順蔵遺文

2018 年 7 月 20 日初版第 1 刷発行
著者　目黒順蔵　目黒士門
編者　目黒安子
発行者　高橋 栄
発行所　風濤社
〒 113-0033 東京都文京区本郷 3-17-13 本郷タナベビル 4F
Tel. 03-3813-3421　Fax. 03-3813-3422
印刷・製本　中央精版印刷

printed in Japan
ISBN978-4-89219-450-4